Otto Betz
Das Unscheinbare ist das Wunderbare

topos taschenbücher, Band 742

W0227208

Otto Betz

Das Unscheinbare ist das Wunderbare

Spiritualität im Alltag

topos taschenbücher

Verlagsgemeinschaft topos plus
Butzon & Bercker, Kevelaer
Don Bosco, München
Echter, Würzburg
Lahn-Verlag, Kevelaer
Matthias-Grünewald-Verlag, Ostfildern
Paulusverlag, Freiburg (Schweiz)
Friedrich Pustet, Regensburg
Tyrolia, Innsbruck

Bibliografische Information der Deutschen Nationalbibliothek
Die Deutsche Nationalbibliothek verzeichnet diese Publikation in der
Deutschen Nationalbibliografie; detaillierte bibliografische Daten
sind im Internet über http: // dnb.d-nb.de abrufbar.

2011 Verlagsgemeinschaft **topos** plus, Kevelaer
Das © und die inhaltliche Verantwortung liegen beim
Matthias-Grünewald-Verlag, Ostfildern
Originalausgabe: Verlag am Eschbach der Schwabenverlag AG
© Verlag am Eschbach

Kein Teil des Werkes darf in irgendeiner Form (durch Fotografie,
Mikrofilm oder ein anderes Verfahren) ohne schriftliche Genehmigung
des Verlages reproduziert, vervielfältigt oder verbreitet werden.

Einband- und Reihengestaltung | Finken & Bumiller, Stuttgart
Umschlagabbildung | www.photocase.de / complize
Herstellung | Pustet, Regensburg
Printed in Germany

Topos ISBN: 978-3-8367-0742-8

www. toposplus.de

Inhalt

Blick für die einfachen Dinge   9

I   **Gott in dem finden und lieben,**
     was er uns gerade gibt   13
     Wir müssen Gott als Versuchsfeld dienen
     (Pierre Teilhard de Chardin)   32

II   **Die Erde – unsere Mutter**   35
     Wir brauchen Wirklichkeit
     (Pierre Teilhard de Chardin)   42

III   **Das Phänomen »Schönheit«**   43
     Vom Staunen über den Sinn und die Schönheit
     der Schöpfung *(Augustinus)*   52

IV   **Spuren des Paradieses**   55
     Was ist das Gras? *(Walt Whitman)*   65

V   **Vom dankbaren Umgang mit der Zeit**   67
     Die Kommode der Erinnerungen
     (Felix Timmermans)   75

VI   **Von der Stille und der Einsamkeit**   79
     Aufwachen zum Leben *(Henry David Thoreau)*   84

VII   **Musik macht die Türen der Seele auf**   87
     Der himmlischen Harmonie zugeordnet
     (Hildegard von Bingen)   93

VIII   **Einübung in eine weltzugewandte Meditation**   95
     Das Pförtchen ins Überirdische *(Robert Musil)*   111

IX   **Sich auf das Kraftfeld eines Wortes besinnen**   113
     Bekenntnis *(Rose Ausländer)*   119

Wanderung, Wandlung, dieses
Eine ist gewiss:
Die Gärten des Paradieses
Die Täler der Finsternis
Sind nicht so weit entfernte
Länder wie wir geglaubt
Und nicht jeder Ernte
Stehen wir beraubt.
Tief in der Unrast Zonen
Eh wir die Furche ziehn
Ehe wir bauen und wohnen
Gehen wir so dahin
Fast wie ungeboren
Fast wie ohne Schuld
Keinem Ding verschworen
Wartend in Geduld …
Und lauschen der Stimme des andern
Tages, der in uns beginnt
Und hören nicht auf zu wandern
Bis wir verwandelt sind.

MARIE LUISE KASCHNITZ
(DIE WANDERSCHAFT, XVI. UND LETZTE STROPHE)

Blick für die einfachen Dinge

Unsere Neugier richtet sich verständlicherweise auf das Besondere und Außerordentliche. Wer kann sich schon abfinden mit dem üblichen Trott und der bis zum Überdruss bekannten und gewohnten Welt? Das Abenteuer muss woanders zu finden sein, das Glück wohnt sicher gerade da, wo wir nicht sind. – Aber die Frage ist, ob wir nicht offenere Augen für diese unsere Alltagswelt bräuchten, weil uns da manches vor der Nase liegen mag, das es wert ist, liebevoller betrachtet und achtsamer wahrgenommen zu werden. »Lieben Sie, unvermindert, unabgelenkt, das Sichtbare, Gute, Einfache, Tägliche«, schrieb Rainer Maria Rilke im September 1924 einer österreichischen Freundin. Das ist eine Aufforderung, die wir auch jeden Tag an uns selbst richten können.

Der uns zugewiesene Lebensbereich ist nicht nur das Segment der Welt, in dem wir unser Dasein verbringen sollen und unsere beruflichen Aufgaben zu verrichten haben, es ist auch der Ort, an dem wir unsere ganz persönliche Existenz verwirklichen können, wo uns die entscheidende Verantwortung abverlangt wird. Und diese Alltagswelt ist es auch, die es uns ermöglicht, unseren Lebensweg als einen Glaubensweg zu gehen. Wenn zur menschlichen Existenz eine spirituelle Dimension gehört, dann ist sie nicht etwas Zusätzliches und Aufgesetztes, sie muss sich vielmehr als Teil der Grundbefindlichkeit des Menschen ausweisen. Es mag schon sein, dass sie bei dem einen Menschen deutlicher ausgeprägt ist als beim anderen, dass sie bei einem entfaltet wurde und beim anderen verkümmert blieb. Aber fehlen kann sie eigentlich bei keinem.

Vieles spricht dafür, dass sich die Ausdrucksformen des religiösen Lebens in unserer Zeit ändern. Aber auch in der Gegenwart werden die Menschen von existenziellen Fragen heimgesucht, verlangen sie nach sinnstiftenden Antworten, brauchen sie Phasen der Besinnung und Methoden der inneren Sammlung. Wir werden bei den Gegenwartsmenschen nicht allzu viel »bekennende Atheisten« finden, aber

Skeptiker gibt es zuhauf, verunsicherte Gläubige, suchende Agnostiker. Viele werden Gott zwar nicht leugnen, aber sie fragen sich, ob all die überkommenen Vorstellungen von Gott nicht unglaubwürdig geworden sind.

Hildegard von Bingen, die rheinische Äbtissin, die vor über achthundert Jahren gelebt hat, scheint auch in ihrer Zeit auf Skeptiker und Glaubenszweifler gestoßen zu sein, die ihr sagten: »Wo ist denn euer Gott, den wir niemals zu sehen bekommen?« Diese Frage ging ihr nach, und sie hat sie wohl in ihr Gebet hineingenommen. Und sie hörte da eine Antwort: »Seht ihr Mich denn nicht Tag und Nacht? Seht ihr Mich nicht, wenn ihr sät und wenn die Saat aufgeht, von meinem Regen benetzt? Ein jedes Geschöpf strebt hin zu seinem Schöpfer und erkennt ganz klar, dass nur Einer es hervorgebracht hat. Nur der Mensch ist ein Rebell. Er zerreißt seinen Schöpfer in die Vielzahl der Geschöpfe.«

Hildegard will keine theologischen Beweise anführen, sie argumentiert nicht mit logischer Gedankenführung, sie will – als Anwältin Gottes – uns die Augen öffnen: Seid ihr eigentlich blind? Warum nehmt ihr nicht jeden Tag und jede Stunde die Wunder der Schöpfung wahr? Ihr seid es doch nicht, die Wachstum und Fruchtbarkeit bewirken. Ihr seid immer darauf angewiesen, dass sich im Rhythmus der Zeiten das neue Leben regt, dass sich die verausgabte Natur erholt, dass sich das Wasser wieder reinigt. Warum haltet ihr alle Wunder der Schöpfung für Selbstverständlichkeiten? Schaut doch hinter die Dinge, achtet auf das, was an Geheimnishaftem sich zeigt.

Hildegard war alles andere als eine naive Naturschwärmerin. In ihren Schriften kommt immer wieder auch die Sorge um die Schöpfung zur Sprache. Sie ist besorgt, weil sie beobachtet, dass die grünende Lebenskraft der Erde wegen des Irrwahns der verblendeten Menschenseelen verwelkt. Man möchte meinen, sie hätte schon unsere ökologischen Krisen und Umweltprobleme gekannt. Aber sie resigniert darüber nicht, sondern versucht das Ihre zu tun, die Schöpfung zu bewahren und die Menschen dafür zu gewinnen, im besseren Einverständnis mit den Kräften der Natur zu leben.

Dieses kleine Buch hat sich keine hochfahrenden Ziele gesetzt. Es will dabei helfen, zu einer größeren Aufmerksamkeit für das zu kommen, was vor unseren Augen liegt. Die Frömmigkeit, die wir heute brauchen, muss von einer selbstverständlichen Welthinwendung und Weltliebe geprägt sein. Wir brauchen eine spirituelle Sinnlichkeit, weil die Stumpfheit der Sinne auch zu einer Abstumpfung unserer seelischen Kräfte führt. »Das Unsinnliche wird allzu leicht zum Unsinn«, hat David Steindl-Rast gesagt.

Einen systematischen Anspruch hat dieses Buch nicht. Es versteht sich als Lese- (und Vorlese-)buch, das Anregungen geben kann und zum Weiterdenken ermuntert. Absichtlich werden nicht die »klassischen Felder« des geistlichen Lebens in die Mitte gerückt, sondern eher die profanen Bereiche. »Das sind glückliche Leute, die überall Gott vernehmen, überall Gott finden; diese Leute sind eigentlich religiös«, so hat es Novalis gesehen. Vielleicht sollten wir uns von ihm anregen lassen, all das, was uns widerfährt, als eine verborgene Botschaft aufzufassen: »Alles, was wir erfahren, ist eine Mitteilung. So ist die Welt in der Tat eine Mitteilung – Offenbarung des Geistes.«

Es gibt eine Frömmigkeit der Versenkung, der geschlossenen Augen, der Innenschau. Sie ist nötig und wird in einer Zeit der Veräußerlichung und der lauten Töne immer bedeutsam sein. – Aber es gibt auch eine Frömmigkeit der offenen Augen, der Bewegung, der Weltzugewandtheit. Wir brauchen sie ebenfalls dringend. Schon Franziskus hat seinen Brüdern gesagt: »Wo wir auch weilen und gehn, immer haben wir eine Zelle bei uns; denn unser Leib ist unsere Zelle.« Vielleicht werden wir sagen: Die Welt ist unsere Zelle!

I
Gott in dem finden und lieben, was er uns gerade gibt

Es gibt Fähigkeiten, die man nie zu lernen braucht, die man aber verlernen kann; dazu gehört die unvergleichlich wichtige Befähigung des Staunenkönnens. Ein Kind ist voller Staunen, wenn es sich in der Welt umsieht. Auch der Erwachsene kommt oft aus dem Staunen nicht heraus, wenn er über die Dinge unserer Welt nachdenkt. Wie kommt es, dass bei vielen Gegenwartsmenschen diese urtümliche Befähigung verloren zu gehen scheint? Sie werden mit den erstaunlichsten und verwunderlichsten Ereignissen konfrontiert und ihre einzige Reaktion ist: »Na, und? Weiter nichts?« Ein mitleidiges Lächeln ernten diejenigen, die noch sprachlos erstaunt sind, sie selbst sind über solche Gefühlsaufwallungen längst hinaus und bleiben bei ihrem stoischen Gleichmut.

Natürlich kann man fragen: Warum soll das Staunen so wichtig sein? Ist das nicht eine kindliche Verhaltensweise, weil Kinder die Welt noch nicht kennen und deshalb überall das Wunderbare vermuten? In dieser Hinsicht sollten wir uns etwas von der kindlichen Offenheit bewahren. Das Staunen öffnet den Menschen. Es bewirkt, dass wir nicht alles für selbstverständlich ansehen, sondern erkennen, dass wir in jedem Moment unseres Daseins beschenkt werden. Alles steckt voll von Überraschungen, aber wir brauchen Sinne, um sie zu bemerken. Wer stumpf ist und nicht ansprechbar, der rennt wie ein blinder Stoffel durch die Welt und merkt überhaupt nicht, dass er an tausend Schönheiten und Kostbarkeiten vorbeikommt.

Unaufmerksamkeit und Blindheit für das, was uns an jedem Tag und in jeder Minute angeboten wird, ist eine fundamentale Undankbarkeit. Ich bekomme die Luft zum Atmen gewährt, ich spüre in mir die Lebenskraft des Herzschlags, ich habe aufnahmefähige Sinne, ich bin neugierig und habe das Potential des Denkens mitbekommen. Jeden Tag bekommt mein Leib die Speisen zugeführt, die er braucht. Ich darf Pläne machen und mich der Zukunft zuwenden. Weil sich nichts von selbst versteht, deshalb verbergen sich überall die kleinen und großen Wunder. Weil ich nicht alles gleichmütig hinnehmen soll, deshalb komme ich nicht aus dem Staunen heraus.

Sören Kierkegaard, der große dänische Philosoph und Theologe des vorigen Jahrhunderts, fängt diesen Gedanken ungemein treffend ein: Unter Bezugnahme auf das Wort Jesu: »Schaut euch die Vögel des Himmels an …, achtet auf die Lilien des Feldes« (Matthäus 6,26.28) fordert er uns auf, bei den Vögeln und den Lilien in die Schule zu gehen, sie zu unseren Lehrmeistern zu machen. »Also, dass du das Nötige bekommst, dass du erschaffen wurdest, dass du Mensch wurdest; dass du sehen kannst, bedenke, dass du sehen kannst, dass du hören kannst, dass du riechen, dass du schmecken, dass du fühlen kannst, dass die Sonne für dich scheint – deinethalben, dass, wenn sie müde wird, der Mond anfängt, und dann die Sterne angezündet werden; dass es Winter wird, dass die ganze Natur sich verkleidet, Verstecken spielt, – um dich zu vergnügen; dass es Frühling wird …, um dich zu erfreuen, dass das junge Grün sprießt und der Wald schön wächst und als Braut dasteht, – um dir Freude zu schenken … Wenn dies nichts ist, worüber man sich freuen kann, so gibt's überhaupt nichts, worüber man sich freuen kann … Lerne darum von der Lilie und lerne vom Vogel, deinen Lehrern: zu sein heißt: für heute da sein, und das ist Freude.«
Kierkegaard macht uns nicht auf die großen, weltbewegenden Geschehnisse aufmerksam, das Auffällige und Sensationelle scheint ihn nicht zu interessieren, aber das, was zu unserem Alltagsleben gehört, die unscheinbaren Begebenheiten, die sind ihm wichtig. Was unaufdringlich ist, ist nicht weniger unserer Aufmerksamkeit würdig. Wer alles gedankenlos hinnimmt und sich vorstellt, es müsse nun einmal so sein, wie es ist, der verschließt sich in seinem Innern und bleibt im Grunde da stehen, wo er gerade steht. Wer sich aber noch wundern kann und das Staunen nicht

verlernt hat, der geht mit Erwartungen nach vorn. Er entwickelt mit der staunenden Verwunderung auch Kräfte, das Neue zu entdecken und dankbar anzunehmen. Vermutlich sind die großen Entdeckungen von Menschen gemacht worden, die sich eine staunende Neugierde erhalten haben, eine Lust, sich dem Unbekannten zuzuwenden, weil es noch etwas geben muss, was noch gar nicht erschienen ist, aber sich vielleicht bald zeigen wird.

Auch bei Adalbert Stifter, dem Dichter der »verborgenen Wunder«, können wir lernen, auf die geheimnisvollen kleinen Dinge aufzumerken. Er wollte die Menschen sehfähig machen für die Größe des Unscheinbaren und die Schönheit des Alltäglichen, deshalb wurde er von manchen Zeitgenossen belächelt oder sogar verhöhnt. Friedrich Hebbel wollte ihn mit seinen Versen lächerlich machen: »Wisst ihr, warum euch die Käfer, die Butterblumen so glücken? Weil ihr die Menschen nicht kennt, weil ihr die Sterne nicht seht!«

Aber Stifter wollte auf die Käfer und Butterblumen aufmerksam machen, *weil* er die Menschen kannte. Auf seine behutsame Weise setzte er sich gegen die Polemik zur Wehr, indem er seine Sehweise deutlich zu machen suchte. In der Einführung zu seiner Novellensammlung »Bunte Steine« schrieb er: »Das Wehen der Luft, das Rieseln des Wassers, das Wachsen des Getreides, das Wogen des Meeres, das Grünen der Erde, das Glänzen des Himmels, das Schimmern der Gestirne halte ich für groß: das prächtig einherziehende Gewitter, den Blitz, welcher Häuser spaltet, den Sturm, der die Brandung treibt, den Feuer speienden Berg, das Erdbeben, welches Länder verschüttet, halte ich nicht für größer als obige Erscheinungen, ja, ich halte sie für kleiner, weil sie nur Wirkungen viel höherer Gesetze sind … Die Kraft, welche die Milch im Töpfchen der armen Frau emporschwellen und übergehen macht, ist es auch, die die Lava in dem feuerspeienden Berge emportreibt und auf den Flächen der Berge hinabgleiten lässt. Nur augenfälliger sind diese Erscheinungen und reißen den Blick des Unkundigen und

Unaufmerksamen mehr an sich, während der Geisteszug des Forschers vorzüglich auf das Ganze und Allgemeine geht und nur in ihm allein Großartiges zu erkennen vermag, weil es allein das Welterhaltende ist.«

Stifter wollte das »sanfte Gesetz« zu erblicken suchen, das sich nicht in den Vordergrund schiebt, aber dennoch unser Leben bestimmt. Wer sich auf Stifters Sehweise einlässt und mit ihm auf die Suche nach den kleinen Dingen geht, die sich erst beim zweiten oder dritten Blick als bedeutsam erweisen, der wird zwar vielleicht keine weltbewegenden Abenteuer erleben, dafür aber neue Zugänge zu den wahren Kräften unserer Erde finden. Es ist so, als kehrten sich die Dinge um: Was übermächtig erschien, schrumpft zusammen und verliert seine erdrückende Gewalt, was aber bisher unbeachtet geblieben war, weil es so alltäglich erschien, wird bedeutsam und ist es wert, dass man sein Augenmerk darauf richtet.

Wer die Welt nur noch mit nüchtern abschätzenden Augen anblicken kann und in ihr zwar ungelöste Rätsel und Probleme sieht, aber kein Geheimnis darin entdeckt, für den ist das einzige Ziel, das ihn reizt, diese Probleme zu bewältigen und die letzten Rätsel zu lösen. Ein gelöstes Problem verschwindet, ja, es ist beseitigt. Ein Geheimnis dagegen verschwindet nicht, wenn es mir gelingt, in es Einblick zu gewinnen. Auch wenn ich ein wenig den Schleier lösen kann, bleibt es dennoch ein Geheimnis. Sehr gut kann ich das Wort von Konrad Lorenz nachvollziehen: »Man könnte den wahren Naturforscher geradezu nach seiner Fähigkeit definieren, das Erforschbare, das er erforscht hat, dennoch unvermindert zu verehren.«

Kennen wir wirklich die Welt? Sie ist erforscht und beschrieben, ausgekundschaftet und erklärt. Und trotzdem hat sie ihren Zauber nicht verloren und ist immer wieder neu und überraschend. Das scheinbar Altbekannte und Immergleiche kann uns verblüffen, wenn wir mit »neuen Augen« herangehen. In einem seiner Dialoge lässt Plato den Philosophen Sokrates zu seinem Gesprächspartner sagen: »Dein Zustand der Verwunderung ist recht typisch für einen Philosophen. Es gibt nämlich keinen anderen Anfang der Philosophie als die Verwunderung.« Wer also nicht vom Staunen überfallen wird, der kann eigentlich auch keine Fragen stellen. Und wer keine Fragen stellen kann, wie soll der Antworten finden? Vielleicht sind Kinder die wahren Philosophen, weil sie die brennendsten Fragen stellen und sich auch nicht abhalten lassen, immer weiterzufragen – und sich immer weiter zu wundern.

Bei Novalis gibt es den köstlichen Satz: »Der Anfang der Philosophie ist ein erster Kuss.« Und an anderer Stelle greift er diesen Satz wieder auf: »Ich wünschte, dass meine Leser die Bemerkung, dass der Anfang der Philosophie ein erster Kuss ist, in einem Augenblick läsen, wo sie Mozarts Komposition ›Wenn die Liebe in deinen blauen Augen‹ recht seelenvoll vorgetragen hörten – wenn sie nicht gar in der ahnungsvollen Nähe eines ersten Kusses sein sollten.«

Unlängst hörte ich im Radio eine Reportage. Zufällige Passanten wurden gefragt, wann sie das letzte Mal »begeistert« gewesen seien. Das Ergebnis war deprimierend: Beinahe alle Angesprochenen konnten sich buchstäblich an nichts erinnern, das sie so beeindruckt hatte, dass sie von Begeisterung hätten sprechen können. Vage Erinnerungen an längst vergangene Jugendtage tauchten bei manchen auf, an die erste Liebe etwa, aber die Gegenwart schien keinen Anlass zu bieten, sich einem starken und nachhaltig wirksamen Geschehen zu öffnen. Nicht einmal Reiseeindrücke oder musikalische Erlebnisse waren so, dass man den Geist darin gespürt hätte, von zwischenmenschlichen oder gar religiösen Erfahrungen war schon gar nicht die Rede.

Ich frage mich: Haben all diese Menschen wirklich nichts erlebt, was nennenswert gewesen wäre, oder fiel ihnen nur spontan nichts ein? Oder steckt dahinter eine so völlige Unaufmerksamkeit, dass die unscheinbaren Abenteuer, die wir jeden Tag erleben dürfen, gar nicht wahrgenommen werden?

Ich möchte ein Gegenbeispiel anführen. Als die Lyrikerin Hilde Domin gefragt wurde, was für sie das »vollkommene irdische Glück« sei, antwortete sie: »Täglich einen intensiven Augenblick zu haben: zeit- und zweckfrei. Ganz hier sein.« Was sich zunächst wie ein unscheinbares Minimalprogramm anhört, ist in Wirklichkeit äußerst anspruchsvoll. Jeden Tag möchte sie wenigstens einmal einen »intensiven Augenblick« haben, eine Erfahrung der »Offenheit«, wo sich der Sinnzusammenhang des Daseins klärt und das Verborgene sich erschließt. Und es gehört dann noch dazu, die Zeit nicht als etwas Nutzbares und Verwertbares anzusehen, das uns zu notwendigen Tätigkeiten treibt, sondern in diesem Augenblick verharren zu können: Der geschenkte Gegenwartsmoment soll einfach da sein und darf ausgeschöpft werden.

Es ist uns bewusst: Für ein beständiges Glück, für einen Dauerzustand des Wohlgefühls und der ruhigen Zufriedenheit sind wir nicht geschaffen. Das Leben bringt dauernde Schwankungen mit sich, auch unsere Gefühle haben keine Stetigkeit und Beständigkeit. Einem unerreichbaren Zustand sollten wir deshalb auch nicht nachjagen. Etwas anderes dagegen ist möglich: Wenn wir die nötige Aufmerksamkeit aufbringen, bekommt das Alltagsgeschehen mindestens für kurze Augenblicke eine überraschende Transparenz. Der Nebel scheint sich zu lichten und lässt uns einen größeren Zusammenhang erkennen. Auch wenn dieser Zustand nicht festgehalten werden kann – die weitergehende Zeit packt uns ja wieder –, bleibt trotzdem eine solche Phase der Helligkeit und Durchsichtigkeit unvergesslich. Der »intensive Augenblick« hinterlässt Spuren und erinnert uns auch später noch, dass wir nicht im banalen Alltagsgewühl stecken bleiben dürfen.

Wenn wir dazu beitragen wollen, dass unsere Erde nicht zerstört, missbraucht, ausgebeutet und verwüstet wird, dann müssen wir sie lieben. Es ist seltsam, dass die Christen nicht immer zu den großen Liebhabern der Erde gehört haben, sondern dass sie als Weltflüchtige und gar als Weltverachtende erscheinen konnten. Nun geht es freilich nicht um eine naive Naturschwärmerei oder eine Vergöttlichung der Welt, sondern darum, diese unsere Welt als Gottes Schöpfung zu begreifen, als den Bereich, in dem Gottes Geist wirken will und in den wir hineingesetzt sind, um uns darin zu bewähren. Zunächst aber sollen wir doch immer wieder ihre Schönheit erkennen und die geheimnisvolle Ordnung ahnen, in der sie existiert.

Ich erinnere mich an ein Ereignis aus meiner Schülerzeit. Zum ersten Mal nahm ich an Einkehrtagen teil. Der Priester, der das Wochenende übernommen hatte, hielt uns nicht einfach fromme Vorträge, sondern versuchte, unsere äußeren und inneren Augen zu öffnen. An einem besonders schönen Frühsommertag schickte er uns jugendlichen Teilnehmer in den Garten und den Park des Hauses: Jeder sollte sich ein Eckchen aussuchen, sich auf die Erde hocken, möglichst tief hinunter, und sollte ein kleines Rasenstück möglichst genau beobachten. Und wirklich, es war erstaunlich, was es auf diesem kleinen Fleck alles zu entdecken gab: kleine und größere Gräser und Kräuter, manche mit winzigen Blüten, wohl geformt waren sie, und es kletterten kleine Insekten darauf herum, Ameisen gab es und allerlei Gewürm. Schön war es, mit den Fingern über die Blätter und Blüten zu streichen, die warme Erde anzufassen. Und bald musste ich auch meine Nase an die kleinen Blumen heranführen, um herauszufinden, welchen Duft sie ausströmten. Auch die Erde hatte einen eigenwilligen Geruch. Ein Kleeblatt steckte ich in den Mund und wunderte mich, dass es mit seinem säuerlichen Geschmack durchaus angenehm war.

Nie vorher hatte ich so aufmerksam ein so kleines Stückchen Erde so lange betrachtet und so viel darin entdeckt. Bis heute ist mir diese Szene unvergesslich, obwohl sie viele Jahrzehnte zurückliegt: Es war eine echte Entdeckung! Auch das Kleine hat seine Größe, man muss aber erst die rechten Augen dafür bekommen, damit wir nicht als Halbblinde durch die Welt laufen. Erst wenn uns der Star gestochen wird, merken wir, was es alles zu entdecken gilt.

Nun haben wir in unserem Alltag noch anderes zu tun als uns auf die Erde zu hocken und die Gräser und Käfer zu beobachten. Und da fangen unsere Schwierigkeiten erst recht an. Unser Alltag kommt uns nur allzu häufig banal vor: Alles scheint in einem eingeschliffenen Trott dahinzugehen, der uns nicht befriedigt und nicht weiterbringt. Alles wirkt so, als wären die Türen unseres Alltagsgehäuses verriegelt und die Fenster so beschlagen, dass man nicht nach draußen schauen kann. Eine Müdigkeit nistet sich ein, sodass nichts Neues und Befreiendes erwartet wird. Vielleicht hängt diese Neigung zur Resignation damit zusammen, dass uns die Arbeit, die wir täglich zu verrichten haben, langweilt und sich nicht als sinnvolles Schaffen zu erkennen gibt. Häufig kommen wir uns wirklich wie ein Rädchen in einer komplizierten Maschine vor, wobei unser Anteil am Gesamtprozess auch genauso von einem anderen verrichtet werden könnte.

Eine langweilige Arbeit lässt sich nicht künstlich und durch guten Willen zu einer spannenden und befriedigenden Beschäftigung machen. Aber manchmal können wir schon merken, dass Ärger und innerer Widerstand gegen dieses Tun die Arbeit vollends unerträglich machen, während sie befriedigender wird, wenn wir innerlich ausgeglichen sind und dem Tun zugestimmt haben. In früheren Zeiten haben die Menschen die »gute Meinung« erweckt. Sie haben sich um eine Gesinnung bemüht, die alles Tun und Handeln aufopferte, damit es dadurch sinnvoll werde. Auch die schwerste oder langweiligste Verrichtung sollte zur Ehre Gottes geschehen. Das mag auch heute noch manchem gelingen, aber zunächst einmal verlangt es uns danach, das Tun selbst möge ein sinnvolles Geschehen sein. Künftig wird von uns noch viel mehr soziale Phantasie verlangt. Ist nicht manchen Menschen schon damit geholfen, wenn ich die Atmosphäre der Arbeitsstelle auflockere und entkrampfe, um die Aufmerksamkeit für die gegenseitigen Nöte und Sorgen zu wecken? Aber es mag sein, dass ich auch in dem jeweiligen Tun selbst etwas entdecke, was mich weiterbringt und eine Sinnspur in sich trägt. Jeder von uns verändert sich, wenn er mit Lust und Liebe an eine Sache herangeht. Er bleibt aber in seiner Entwicklung stehen oder entwickelt sich sogar rückwärts, wenn er sich innerlich sperrt oder nur in einem Schlendrian dahintreibt.

Ich kenne keine Gestalt unseres Jahrhunderts, die sich engagierter an dem Versuch beteiligt hat, unsere Erde als den »göttlichen Bereich« zu entdecken und die Arbeit in dieser Welt als wichtigen Auftrag zu begreifen, als Pierre Teilhard de Chardin.

Immer wieder hat er darauf hingewiesen, dass die Alltagsarbeit der uns zugewiesene Bereich ist, in dem wir die Welt ein Stück weit ihrer Vollendung entgegenführen können. »Gott lenkt unsern Blick nicht vorzeitig von der Arbeit ab«, heißt es bei ihm, »die Er selbst uns auferlegt hat, im Gegenteil, Er ist ja gerade in dieser Arbeit ertastbar … Er erwartet uns jederzeit im Handeln, im Werk des Augenblickes.« Bei Teilhard de Chardin kann man lernen, dass die Liebe zum Himmel mit der Liebe zur Erde verschwistert ist. Diese Welt ist der Ort, an dem wir uns bewähren müssen, aber auch der Ort, wo wir Gottes Liebe und seinen wirkenden Geist erfahren dürfen. In einem Brief schreibt Teilhard einmal, dass er »mit hinreichender Stärke ›die Lust am Sein‹ verspüre« – eine wunderbare sprachliche Kennzeichnung, weil sie deutlich macht, dass er das Dasein als lustvoll empfand und es auskosten wollte, weil er gerade in seiner »Weltlichkeit« an den Geist glaubte.

Auf einen bedeutsamen Wegbegleiter bei der Suche nach einer Spiritualität des Alltags müssen wir noch aufmerksam werden: Es ist der evangelische Theologe Dietrich Bonhoeffer, der noch in den letzten Kriegswochen von den Nazis ermordet wurde. An seinen Freund schrieb er aus dem Gefängnis am 18. Dezember 1943: »Alles hat seine Zeit, und die Hauptsache ist, dass man mit Gott Schritt hält und ihm nicht immer schon einige Schritte vorauseilt, allerdings auch keinen Schritt hinter ihm zurückbleibt.« Seit einem halben Jahr saß er im Gefängnis und konnte sich nicht viel Hoffnung machen, jemals die Freiheit wiedergeschenkt zu bekommen. Er resignierte in seiner Zelle nicht, las viel, schrieb Briefe an seine junge Braut und an einen Freund. Vor allem in diesen Briefen macht er sich Gedanken, wie sich der christliche Glaube in der Gegenwart darstellen könne, welche Impulse er nötig hätte, um den Herausforderungen der Zeit gewachsen zu sein.

Es ging ihm dabei auf, dass die herkömmliche Frömmigkeit viel zu »jenseitig« sei, auf die Zukunft bezogen, sodass der Christ in der Gefahr ist, das, was sich gerade ereignet, gar nicht wirklich wahrzunehmen, weil er zu sehr auf das Kommende wartet. »Ich glaube, wir sollen Gott in unserem Leben und in dem, was er uns an Gutem gibt, so lieben und solches Vertrauen zu ihm fassen, dass wir, wenn die Zeit kommt und da ist – aber wirklich erst dann! – auch mit Liebe, Vertrauen und Freude zu ihm gehen … Man soll Gott in dem finden und lieben, was er uns gerade gibt.«

Diese Sätze, vor fünfzig Jahren aufgeschrieben, sind immer noch ein bedeutsames Programm, das sich ernst zu nehmen lohnt. Es ist nämlich gar nicht so einfach, all das wirklich aufzuspüren und auszukosten, was uns die aktuelle Gegenwart anbietet.

Was bekommen wir denn jetzt – in diesem Augenblick angeboten –, was wird uns gerade geschenkt und ist es wert, beachtet und dankbar angenommen zu werden? Nun, wir existieren in unserem Leib, also sollen wir uns auch auf den

Leib besinnen. Der Atem durchströmt uns und sorgt dafür, dass wir den nötigen Sauerstoff zugeführt bekommen, ohne den wir keine Viertelstunde weiterleben können. Das Herz schlägt verlässlich und transportiert das mit Sauerstoff angereicherte Blut in alle Zonen unseres Leibes. Aber wir haben auch eine »atmende Haut«, sensible Nervenenden geben uns Kunde von vielen Eindrücken rund um uns her. Den feinsten Windhauch kann ich vernehmen, die zartesten Sonnenstrahlen fange ich auf und reagiere darauf. Und all die vielen inneren Organe übernehmen ihre Aufgaben, ohne dass ich sie dazu auffordern müsste: Der Magen verdaut die Speisen, die Därme führen die Lebenskräfte den Organen zu, die darauf warten, aufgebaut und erneuert zu werden.

Ja, aber das sind doch keine Neuigkeiten, das weiß doch jedes Schulkind! Richtig, jedoch wird jeder zugeben, wie anders sich ein Sachverhalt ausnimmt, ob ich ihn kurz zur Kenntnis nehme, als würde er sich von selbst verstehen, oder ob ich auf ihn achte, ihn wirklich wahrnehme und mich staunend über dieses »alltägliche Wunder« auf das Geheimnishafte besinne. Simone Weil, die früh verstorbene französische Philosophin, hat einmal die Beobachtung notiert: »Sobald man das ganze menschliche Leben, das gewöhnlichste, das natürlichste Leben untersucht, besteht es aus einem der Intelligenz völlig undurchdringlichen Gewebe von Mysterien.« – Deshalb also brauchen wir nicht auf die großartigen Mirakel zu warten. Es genügt, mit wirklicher Aufmerksamkeit sensibel zu werden für all das, was sich ununterbrochen ereignet und deshalb so alltäglich ist, dass sich keiner danach umschaut, keiner Rufe der Verwunderung ausstößt.

Wir sind Sinnenwesen, aber wir müssen es wohl zugeben, dass unsere Sinne abgestumpft sind: Unsere Augen reagieren vor allem auf all das, was sich aufdrängt und wichtig nimmt, unsere Ohren öffnen sich dann besonders begierig, wenn ungewohnte Töne und marktschreierische Rufe zu hören sind. Aber es gibt eben auch Zwischentöne und Nuancen, die erst dann aufgenommen werden können, wenn wir differenzieren und nicht nur oberflächlich anwesend sind.

Offensichtlich kommt alles darauf an, noch viel wahrnehmungsfähigere Sinne zu bekommen. Zu den erstaunlichsten Fähigkeiten, die wir Menschen mitbekommen haben, gehört ja die Sehfähigkeit unserer Augen. Oft merken wir es erst, wenn unsere Sehkraft nachlässt, was wir an diesem Organ für einen unbeschreiblichen Schatz besitzen und wie hilflos wir werden, wenn uns diese Wahrnehmungsgabe genommen ist. Ich meine nicht nur die Kompliziertheit dieses Organs, das uns die Außenwelt nach innen holt und die Wirklichkeit in ihrer ganzen Fülle nahe bringt. Was sind das für differenzierte Vorgänge, die sich im Sehvorgang ereignen, damit sie Erkenntnisprozesse werden! Ich schaue nicht nur äußerlich, indem ich eine Vielzahl von Dingen, Formen und Farben betrachte, ich lerne ja unterscheiden, bleibe nicht an der Oberfläche hängen, sondern dringe ins Geschaute ein und verstehe es gleichsam von innen. – »Was sehe ich, wenn ich vor einen Menschen komme?«, fragt Romano Guardini, und er beantwortet seine Frage: »Wo immer ich auf einen Menschen blicke, sehe ich, mehr oder weniger klar, mehr oder weniger voll, seine Seele.« Diese Seele ist gar nicht so unsichtbar, wie wir manchmal meinen, weil sich in der Haltung eines Menschen, in der Mimik und Gestik seiner Bewegungen, ja immer auch sein seelisches Leben ausspricht. Vor allem das Gesicht ist Ausdrucksorgan von Freude oder Trauer, von Beglückung und Besorgnis, von Anteilnahme oder Langeweile, von Zärtlichkeit oder Verärgerung. Es gehört aber ein geübtes und aufmerksames Auge dazu, um nicht an der Peripherie stehen zu bleiben, sondern die Signale des seelischen Lebens aufzunehmen. Novalis nennt das Auge »das Sprachorgan des Gefühls«. In seinen Aufzeichnungen heißt es: »Das Augenspiel gestattet einen äußerst mannigfaltigen Ausdruck. Die übrigen Gesichtsgebärden oder Mienen sind nur die Konsonanten zu den Augenvokalen … Langer Umgang lehrt einen die Gesichtssprache verstehn … Man könnte die Augen ein Lichtklavier nennen.«

Hat aber diese Erschließung der Sinne auch etwas mit unserer religiösen Existenz zu tun? Ich bin davon überzeugt. Wer meint, nicht beten zu können, wer keine Gebetsworte formulieren kann, der sollte versuchen, sich zu erinnern, wofür er dankbar sein kann. Wenn wir nämlich darauf achten, was uns alles an einem einzigen Tag geschieht, wie reichhaltig wir immerzu beschenkt werden, der kann gar nicht anders, als ein dankbarer Mensch zu werden. Ich öffne am Morgen das Fenster und sehe, dass sich der Nebel bald verziehen und die Sonne durchbrechen wird. Dafür lohnt es sich zu danken. – Ich mache das Radio an und höre eine meiner Lieblingsmelodien von Franz Schubert. Ist das nicht ein Grund zum Danken? Die Post kommt und bringt mir einen ganz lieben Brief, der mir eine Brücke in die Ferne baut und der mir einen warmen Atemhauch der Verbundenheit zubläst. Da nimmt mich die Dankbarkeit ganz gefangen. Ich gehe zum Frühstück, und die bunten Früchte auf dem Tisch lachen mich schon an! Da fällt mir die Dankbarkeit nicht schwer. Aber manchmal kann ich mich auch für solche Dinge bedanken, die mich zunächst gar nicht erfreut haben, weil sie meinen Wünschen zuwider liefen oder mir Kummer bereiteten. Im Nachhinein entdecke ich, dass auch solche Geschehnisse ihren Sinn hatten und mich geformt haben.

Übrigens müssen es gar nicht immer benennbare Ereignisse und sichtbare Geschenke sein, für die ich dankbar werde. Manchmal ist es das Dasein selbst, das mich glücklich macht. Teilhard hat dieser Erfahrung einmal so Ausdruck gegeben: »Durch alle Zugänge überflutet uns das Wahrnehmbare mit seinen Reichtümern. Speise für den

Körper und Nahrung für die Augen, Harmonie der Töne, Fülle des Herzens, unbekannte Erscheinungen, alle diese Schätze, alle diese Reize, alle diese Anrufe steigen von allen vier Enden der Welt auf und durchdringen in jedem Augenblick unser Bewusstsein. Was wollen sie in uns bewirken? Was bewirken sie in uns, selbst wenn wir sie wie schlechte Arbeiter untätig oder gleichgültig empfangen? … Beobachten wir uns selbst nur eine Minute, und schon sind wir davon bis zur Begeisterung oder bis zur Beklemmung überzeugt.«

Mir scheint es wichtig, dass uns die Frömmigkeit nicht aus unserer Leiblichkeit und unserer Weltlichkeit herausführt, sondern gerade unsere konkrete Verfasstheit ernst nimmt. Unser Alltag soll sich nicht nur als unser Lebensweg erweisen, sondern auch als unser Glaubensweg. Auch hier ist das Staunen ein wichtiger Anfang. »Wer kann Gottes gewaltige Größe beschreiben und seine großen Taten aufzählen bis zum Ende?« (Sirach 18,5). Wo lassen sich aber Gottes Taten am leichtesten beobachten? In seiner Schöpfung: »Wie groß sind deine Werke, Herr, in Weisheit hast du sie vollbracht, die Erde ist erfüllt mit dem, was du geschaffen« (Psalm 104,24). Selbst der Psalmist wird sprachlos, wenn er die Schöpfung betrachtet: »Zu wunderbar ist für mich dies Wissen, zu hoch, ich kann es nicht begreifen« (Psalm 139,6). Wir geraten immer wieder an die Grenzen des Begreiflichen und Erklärbaren, und es ist gut, wenn wir vor dem Unfasslichen und Unbeschreiblichen nicht völlig verstummen, sondern wenigstens noch unserer Verwunderung Ausdruck geben.

Vergessen wir aber neben den großen Dingen nie die kleinen. Die täglichen Verrichtungen des Alltags sind es, die wir nützen können. Jeden Tag haben wir es mit dem Wasser zu tun, genießen es, wenn wir unter der Dusche stehen, verwenden es beim Kochen und Waschen, freuen uns über die Flüsse und Ströme, wenn wir an ihnen entlang spazieren können. Sollten wir nicht auch bei jedem Gebrauch des Wassers Dankbarkeit empfinden, weil es ein so unendlich wichtiges Lebenselement ist? Teresa von Avila hat geschrieben: »Ich finde nichts, was zur Erklärung mancher geistigen Dinge geeigneter wäre als eben das Wasser, ... denn in allen Dingen, die ein so großer, so weiser Gott erschaffen hat, dürfte es wohl viele Geheimnisse geben, aus denen wir Nutzen ziehen können ... Dem beseligenden Brunnen quillt es friedvoll und mit größter Ruhe und Sanftmut aus dem tiefsten Inneren unseres eigenen Wesens empor ... Ich habe den Eindruck, dass es etwas ist, das nicht im Herzen entspringt, sondern anderswo, noch weiter innen, wie aus einer Tiefe. Ich nehme an, dass es im Zentrum der Seele sein muss ... Ich sehe Geheimnisse in uns selbst, die mich oft erschreckt haben. Und wie viel mehr wird es geben!«

Es wäre ein sinnvolles Unterfangen, wenn sich jeder, der sich um spirituelles Leben müht, einmal hinsetzte, um zu überlegen, wo es denn die Möglichkeiten in seinem eigenen Dasein geben könne, wo die »Öffnungen« sind, an denen der Alltag durchscheinend wird. Jeder von uns hat sein eigenes Leben, in seinem Alltag gibt es bestimmte Rhythmen, die sich wiederholen, es gibt Phasen des Alleinseins und Phasen der Gemeinschaft. Der eine kann am besten meditieren, wenn er geruhsam spazieren geht und aufmerksam das in sich aufnimmt, was ihm begegnet, der andere möchte in seinem Zimmer sitzen und die Augen schließen, damit er mit seinem Herzbereich in Fühlung kommt. Ein dritter greift zu Farbstiften und versucht, durch sein Malen etwas Ordnung in sein Dasein zu bringen, der nächste musiziert oder öffnet sich ganz der Musik. Und es mag auch manche geben, die zu all dem gar keine Zeit und Muße haben, aber sich in ihrem aktiven Tun um eine Haltung der Durchlässigkeit mühen, damit es nicht ein blinder Aktionismus bleibt, sondern ein hilfreiches Tun wird. Immer sollten wir uns fragen, auf welche Weise es uns gelingen kann, den Alltag ernst zu nehmen und ihn von innen her zu bereichern.

Jeder, der seinen Alltag spirituell durchdringen will, muss sich um eines mühen: sich zu öffnen, damit Gottes Geist in ihn eindringen und durch ihn wirken kann. Der Geist stellt das Offene dar, die Kraft des Aufbrechens ist in ihm, des Augenöffnens und Ohrenerschließens. Wir können zwar nicht in eigener Regie die Welt verändern, aber wir können dazu beitragen, dass Gottes Geist in seine Schöpfung eindringt, und wir sollen ihm Raum schaffen. Wenn unsere Zeit »geistlos« ist, dann äußert sich das vor allem in der Müdigkeit und Hoffnungslosigkeit vieler Menschen. Die Gefahr der Verzweiflung und der Apathie ist riesengroß. Diesem Sog des Vergeblichen einen Widerstand aufzubauen heißt, die ungebrochene Seinskraft der Schöpfung entdecken, die zum Glauben drängt, zur Hoffnung und zur Liebe. »Gott bläst uns fortwährend neues Sein ein«, hat Teilhard einmal geschrieben. Deshalb laufen wir nicht vor der Welt weg, fliehen auch nicht aus unserem Alltag heraus, sondern wollen ein wenig dazu beitragen, dass sich gerade in dieser Alltagswelt die Heilkraft des Glaubens durchsetzt.

Die Hinwendung zum Unscheinbaren müssen wir wieder lernen. Wenn wir im Kleinen auch die verborgene Größe entdecken, im wenig Spektakulären das Staunenswerte, gewinnen wir auch eine neue Form der Frömmigkeit, die weltzugewandt ist und ihren Ausdruck findet in der dankbaren Zustimmung zur Schöpfung. Werner Bergengruen hat über seine Mutter geschrieben, um ihre Lebensart zu charakterisieren: »Sie war der Natur zugetan, sie liebte die Wirklichkeit … und konnte den Inbegriff der Schöpfung in einem Weidenkätzchen, einem Kinde oder kleinen Hund, einem Stückchen Brot oder einem Schluck Wein erkennen.«

Was auch auf uns zukommt und was wir entdecken können, alles hat eine Botschaft, eine geheime Schrift, die es zu entziffern gilt. Was uns im täglichen Einerlei gewährt wird, hat seine Doppelbödigkeit, es enthält mehr, als wir beim ersten Zusehen zu erkennen meinen. Den Geisthauch können wir auch in den materiellen Elementen finden, wenn wir nur den liebenden Blick haben. Uns kommt es nicht in erster Linie zu, Gott im »Oben« und im »Drüben« zu entdecken, sondern da, wo er sich andeutet, wo er geahnt werden kann, wo er seine Spuren zu erkennen gibt. Wir werden nicht aus unserer Welt herausgeholt, sondern immer wieder in sie hineingeschickt. Dort will der Geist sein Werk tun, dort soll alles verwandelt werden, soll das Erstarrte aufgebrochen, das Erkaltete gewärmt, das Unbelebte vom Lebenshauch durchdrungen werden. Die Schöpfung ist ja nicht an ihr Ende angelangt, sondern inmitten eines Prozesses. Es liegt auch an uns, wie diese Vorgänge sich weiter ereignen.

Was gibt uns Gott im Hier und Heute, dass wir ihn finden und lieben können? So haben wir – mit Bonhoeffer – gefragt. Die nahe liegendste Antwort ist: Er gibt uns – uns selbst, das Leben, das Sichmühen, das Fragen und Antworten, die Unruhe der Suche und das Glück des Findens. Unser Leben lang wandern wir zwar weiter und behalten eine Unruhe, aber manchmal wird es uns auch geschenkt, dass wir die Stimme des Meisters im eigenen Innern hören, wie es Augustin erfahren durfte. Auch für dieses Geschenk der göttlichen Nähe im Herzbereich der eigenen Person sollten wir dankbar sein. Wenn der flämische Mystiker des 14. Jahrhunderts Johannes Ruysbroek gesagt hat: »Seid Gott treu und euch selbst«, dann wollte er wohl sagen, dass diese Treue zur eigenen Person etwas mit der Treue zu Gott zu tun hat. Wir müssen in uns hineinhorchen, um herauszufinden, was Gott in uns hineingelegt hat, damit wir ihm treu bleiben können, indem wir uns – und dem göttlichen Funken in uns – treu bleiben.

Vielleicht hat Nikolaus von Kues es am schönsten gesagt, wie wir diese doppelte Treue leben können. In einem Gebetstext, vielleicht einem der schönsten, die jemals aufgezeichnet wurden, heißt es: »Niemand kann sich dir nahen, da du unnahbar bist. Daher erfasst dich niemand, es sei denn, du schenkst dich ihm ... Wie wirst du dich mir geben, wenn du nicht erst mich selbst mir gibst? – Und wie ich im Schweigen der Betrachtung ruhe, antwortest du mir, Herr, in der Tiefe meines Herzens. Und du sagst: Sei du dein, so werde ich dein sein! O Herr, du Beglückung in aller Wonne, du hast es zur Sache meiner Freiheit gemacht, dass ich mein sein kann, wenn ich so gewollt habe. Gehöre ich nicht mir selbst, so gehörst auch du nicht mir. Insofern nämlich nötigst du meine Freiheit, da du nicht mein Besitztum sein kannst, wenn ich mich nicht selbst besitze. Da du dieses aber in meine Freiheit gestellt hast, nötigst du mich nicht, sondern erwartest, dass ich selbst erwähle, mir zu gehören. Dies steht also bei mir, nicht bei dir, Herr, der du deine grenzenlose Güte nicht einschränkst, sondern in alle dafür Empfänglichen freigebigst ausgießest, denn du, Herr, bist deine Güte.«

Wir müssen Gott als Versuchsfeld dienen

*Aus Briefen von Pierre Teilhard de Chardin
an Léontine Zanta*

Tientsin, den 28. August 1926

Ich bin in diesem Augenblick besonders beeindruckt durch die Periode des Harrens und der Erwartung, in der sich die Menschheit befindet mit ihrem entscheidenden Bedürfnis nach einem Glauben. Was die »Konversionen« betrifft, so tritt das Christentum sichtlich auf der Stelle. Augenscheinlich wird das Reich Gottes nicht auf den jetzt üblichen Wegen errichtet werden, sondern durch irgendeine Renaissance, eine »Offenbarung«, die sich (einmal mehr in der Menschheitsgeschichte) in der Menge der Menschen wie Wasser und wie Feuer ausbreiten wird. Das ist es, was wir ersehnen und vorbereiten müssen. Mir persönlich will es scheinen – wir haben es oft gesagt –, dass der Funke aus der Begegnung überspringen wird, die sich früher oder später im Bewusstsein der Menschen, zwischen unserem Herrn und der Welt vollziehen wird, dadurch wird sie geheiligt und frei werden in ihm; und das wird die Vollendung des langen Werkes der Schöpfung sein …

Selbst wenn wir unser Leben lang nicht dazu kämen, das, was wir sehen, nach außen dringen zu lassen, Sie, ich und so viele andere, so würde es doch schon viel bedeuten, Gott als Versuchsfeld gedient zu haben für diese wunderbare Verschwisterung der Liebe zum Himmel und der Liebe zur Erde. Wenn der Keim erst einmal in eine Parzelle der umgestalteten Menschheit eingesenkt ist, wird er sich unaufhaltsam im ganzen Leib weiterverbreiten, ohne dass wir wüssten, wie. Es kommt nur darauf an, in den Händen und unter dem Einfluss Gottes treu zu sein; das ist es auch, um was ich täglich für Sie bitte.

Was immer mehr mein Interesse und meine innere Sorge beherrscht, das ist, Sie wissen es, das Bemühen, eine neue Frömmigkeit (oder nennen wir es, wenn Sie wollen, ein besseres Christentum) in mir aufzubauen und um mich zu verbreiten, eine Frömmigkeit, in der der persönliche Gott aufhört, der »jungsteinzeitliche« Großgrundbesitzer von ehedem zu sein, um zur Seele der Welt zu werden, nach der unser kultureller und religiöser Zustand verlangt. Vor allem seit Kalkutta, während dieser etwa zwanzig Tage einsamer Seefahrt habe ich viel nachgedacht – und auch viel gebetet. Vor mir zeichnet der Weg sich deutlich ab: Es geht nicht darum, Christus und die Welt zur Deckung zu bringen, sondern das Universum der vollen Herrschaft Christi zu unterwerfen. Der heikle Punkt besteht darin, dass man, wenn man dieser Spur folgt, nicht allein zu einer Ausweitung des Gesichtsfeldes hingeführt wird, sondern zu einer Umkehrung der Perspektiven; das Übel (nun nicht mehr Strafe für eine Schuld, sondern »Zeichen und Wirkung« des Fortschritts) und die Materie (nicht mehr sündiges und niederes Element, sondern »Materie des Geistes«) gewinnen eine Bedeutung, welche der *gewöhnlich* als christlich angesehenen diametral entgegengesetzt ist. Christus gewinnt bei dieser Umwandlung eine neue, unerhörte Größe. Aber ist das wirklich noch der Christus des Evangeliums? Und wenn er es nicht mehr ist, worauf soll künftig beruhen, was wir aufzubauen suchen? – Ich weiß nicht, ob unter den vielen Mitbrüdern, die mir auf dem Weg, auf dem ich voranschreite, vorausgehen oder nachfolgen, viele (oder auch nur ein Einziger! … das scheint mir unglaublich!) sich die Gewichtigkeit des Schrittes klar machen, den sie alle zu tun im Begriff sind. Ich aber fange an, es ganz klar zu erkennen. Eines gibt mir Zuversicht: In mir selber ist das wachsende Licht mit Liebe verbunden und mit Selbstentäußerung auf das Größere hin, auf das, was größer ist als ich. Das kann irreführen. Insgeheim verschanze ich mich also in diesem Bewusstsein, dass das Sein unendlich reicher und wandlungsfähiger ist als unsere Logik.

Nach und nach verwandelt sich alles, das Geistige verschmilzt mit dem Sinnlichen, die Individualität weitet sich zur Universalität aus, die Materie wird zur gefügten Gestalt des Geistes.

II
Die Erde – unsere Mutter

Die Natur ist zu uns unendlich gütig gewesen, indem sie uns Menschen ins Leben rief, überleben und reifen ließ. Sie hat uns üppig mit allem beschenkt, was sie im Verlauf von Milliarden Jahren unbelebter Entwicklung angehäuft hatte. Wir wurden stark und mächtig. Aber womit haben wir ihr für diese Wohltaten gedankt?« So notierte sich ein russischer Astronaut nach einem Raumflug. Und ein vietnamesischer Astronaut äußerte sich so: »Nach acht Flugtagen im Weltraum erkannte ich, dass der Mensch die Höhe vor allem braucht, um die Erde, die so vieles durchlitten hat, besser zu verstehen und manches zu erkennen, was aus der Nähe nicht wahrgenommen werden kann. Nicht allein, um von ihrer Schönheit in Bann geschlagen zu werden, sondern auch, um zu einem Verantwortungsgefühl dafür zu finden, dass nichts, was wir tun, die Natur in auch nur geringstem Maße Schaden leiden lassen darf.«

Schließlich soll noch der amerikanische Astronaut James Irwin zu Wort kommen: »Die Erde erinnerte uns an eine in der Schwärze des Weltraums aufgehängte Christbaumkugel. Mit größerer Entfernung wurde sie immer kleiner. Schließlich schrumpfte sie auf die Größe einer Murmel – der schönsten Murmel, die du dir vorstellen kannst. Dieses schöne, warme, lebende Objekt sah so zerbrechlich aus, als ob es zerkrümeln würde, wenn man es mit dem Finger anstieße. Ein solcher Anblick muss einen Menschen einfach verändern, dass er die göttliche Schöpfung und die Liebe Gottes dankbar anerkennt.«

Solche Aussagen aus dem Kreis der wenigen Menschen, die die Erde von einem anderen Aspekt, vom Weltraum her, gesehen haben, machen zutiefst nachdenklich. Auch im Raumschiff blieben die Astronauten immer »Kinder der Mutter Erde«, ja, sie wurden es erst richtig. »Nirgendwo sonst kannst du die Majestät unserer Erde vollkommener erfassen«, hat sich sogar einer geäußert. »Dort ist Leben, dort ist gut sein.« Müssen wir vielleicht die Liebe zu unserer Mutter Erde, zu unserem Heimatplaneten, neu lernen?

Es gibt in der christlichen Frömmigkeit eine seltsame Tradition, die davon ausgeht, man müsse die Erde schlecht machen, dürfe sie nur als Tal der Tränen und Jammertal ansehen und dürfe nur ja nicht zu sehr in ihr einwurzeln, weil unsere Heimat im Himmel sei. Dabei wird vergessen oder vernachlässigt, dass Gott ja unsere Welt als seine gute Schöpfung liebt, dass er ihr Erlösungskräfte geschenkt hat und ihr die Ankunft der Gottesherrschaft verkündete. Wir müssen es also wieder lernen, uns so mit dieser Erde zu identifizieren, dass wir auch Verantwortung übernehmen für den Heimatplaneten und unsere Kräfte dafür einsetzen, die Zerstörung des empfindlichen Gleichgewichts aufzuhalten und seine Bewahrung zu sichern.

Wenn wir Wanderungen durch unsere Landschaften unternehmen, können wir sehr unterschiedliche Erfahrungen machen. Immer öfter stoßen wir auf die Spuren der Erkrankung unseres Planeten: Da lassen sich ganze Wälder beobachten, die abgestorben sind und ihre Lebensfähigkeit eingebüßt haben. Oder wir beobachten die Spuren der Erosion, sodass Hänge abstürzen und Täler vermuren. Mindestens ebenso erschreckend sind die Zeichen der Vergiftung in unseren Flüssen und Seen: Tote Fische werden mitgespült, und ein fauliger Geruch liegt über den Gewässern.

Schon 1913 hat Ludwig Klages auf dem Hohen Meißner ein Referat gehalten, in dem er vom Menschen sagte: »Er hat sich zerworfen mit dem Planeten, der ihn gebar und nährte.« Er vertrat damals schon die Auffassung, man müsse die Erde als ein lebendes Wesen verstehen. »Denn so viel steht fest, dass Gelände, Wolkenspiel, Gewässer, Pflanzenhülle und Geschäftigkeit der Tiere aus jeder Landschaft ein tief greifendes Ganzes wirken, welches das Einzellebendige wie in einer Arche umfängt, es einverwebend dem großen Geschehen des Alls.« Je mehr man sich mit den Naturvorgängen befasst, umso mehr kann einem dabei das staunenswert ausbalancierte Zueinander und Miteinander des Erdganzen aufgehen. Was gibt es da für selbstregulierende Abläufe, wie behutsam sind die Temperaturen aufeinander abgestimmt! Die Erde ist ein »Gesamtbiotop«. Sie kann es aber nur bleiben, wenn wir nicht allzu störend eingreifen und das Gleichgewicht durcheinanderbringen.

Die Voraussetzung für eine andere Einstellung zur Erde ist eine große Liebe zu diesem unserem Heimatplaneten. Die Erde mag krank sein, aber sie hat immer noch viel Kraft zur Erneuerung. Jeder Gang in die Wälder und Gärten, durch die Felder und Wiesen macht uns deutlich, wie fruchtbar die Erde ist: Immer wieder treibt sie das Grün heraus, lässt sie eine unübersehbare Fülle von Pflanzen und Sträuchern heraus. Blüten entfalten sich, Zweige breiten sich aus, Früchte setzen sich an. Immer noch entsteht Sauerstoff, wird das Chlorophyll in der Photosynthese gewonnen. Die Erde ist kein Paradies, es herrscht eine Kampfsituation, weil sich Pflanzen und Tiere behaupten müssen, weil das Verlangen nach einem Platz an der Sonne und der Zugang zum lebensnotwendigen Wasser das Dasein bestimmen. Aber es herrscht nicht nur der Kampf, es gibt auch die unerklärliche Schönheit, die berauschende Fülle, die spielerische Form, das harmonische Miteinander.

Auch wir Menschen müssen uns einreihen in dieses Gesamtbild des irdischen Zusammenlebens. Wir sind nicht weniger Kinder dieser Erde als die übrigen Kreaturen, nur dass wir einerseits mehr Verantwortung zu tragen haben, weil uns das Geheimnis des »Ganzen« wenigstens ahnungshaft zugänglich ist – und weil wir durch unsere technischen Möglichkeiten in der Gefahr stehen, das homöostatische Wundergebilde der Erde zu stören (und vielleicht zu zerstören).

Dem antiken Menschen war es ganz selbstverständlich, dass er sich ehrfürchtig und bittend der Erde zuwandte und dass er dankbar war für alles, was er von ihr empfing. In einem homerischen Hymnus an Gaia heißt es:

»Erde, du Mutter von allem,
wie fest bist du gegründet,
lobsingen will ich dir,
du uralte Spenderin der Nahrung für alle, die leben.
Was auch lebendig ist im Meer
oder auf dem heiligen Boden oder in den Lüften,
du ernährst alle mit quellendem Segen.
Heilige Göttin, in deinen Händen steht es,
den todgeweihten Menschen Leben zu geben,
dir steht es zu,
das Leben auch wieder zu nehmen.«

Nun könnte man sagen, einem Christen stünde es nicht an, sich auf alte heidnische Bräuche und Gebete zu berufen. Wenn wir aber unsere Zuordnung zur Erde eingebüßt haben, dann müssen wir bei denen wieder in die Schule gehen, die es noch fertigbringen, mit der Natur im Einklang zu leben. Die Ehrfurcht und die behutsame Einstellung zu allem Lebendigen kann man nicht aus Büchern lernen. Wir müssen anderen zuschauen und ihr Tun in die eigene Lebenspraxis übernehmen.

Eine besondere Faszination geht nach wie vor von der Einstellung der nordamerikanischen Indianer zu ihrer Umwelt aus. Was der Wabanaki-Indianer Bedagi zu Beginn des vergangenen Jahrhunderts beschrieben hat, hat immer noch einen Modellcharakter, auch wenn wir nicht in der Prärie wohnen und auf den Bison oder den Elch Jagd machen: »Der große Geist ist unser Vater, aber die Erde ist unsere Mutter. Sie ernährt uns; was wir in den Boden gegeben haben, gibt sie uns als Frucht wieder, und sie schenkt uns Heilkräuter. Sind wir verwundet worden, gehen wir zu unserer Mutter und versuchen, die verwundete Stelle auf sie zu legen, um geheilt zu werden.«

Wer denkt bei dieser Beschreibung nicht an den Riesen Antaios aus dem Erzählschatz der griechischen Mythen? Er war ein Sohn der Gaia und so bärenstark, dass es im Kampf niemand mit ihm aufnehmen konnte. Waren seine Kräfte verausgabt, warf es sich auf die Erde und bekam von seiner Mutter wieder neue Kräfte zugeführt. – Können wir uns noch in Antaios wiedererkennen? Büßen wir unsere Erdverbundenheit ein, das Gefühl der Abhängigkeit von unserem Mutterboden, dann verlieren wir den Wurzelbereich, der das Leben möglich macht. Das führt dann dazu, die Erde bis zum Letzten auszubeuten, sie zu einer übermäßigen Fruchtbarkeit zu zwingen, sie mit Giften zu peinigen. Die Erde braucht unser Mitgefühl.

Auch die Bibel kennt den Schrecken darüber, wie die Menschen mit der Erde umgehen. In der Genesis heißt es: »Gott sah sich die Erde an: Sie war verdorben; denn alle Wesen aus Fleisch auf der Erde lebten verkehrt und verdorben … Die Erde ist voller Gewalttat« (Genesis 6,12f). Aber es gibt in der Bibel auch die vielen Trostworte und den Ausdruck der Dankbarkeit des Menschen für die Schätze, die die Erde uns spendet:

»Du lässt Gras wachsen für das Vieh,
auch Pflanzen für den Menschen, die er anbaut,
damit er Brot gewinnt von der Erde
und Wein, der das Herz des Menschen erfreut,
damit sein Gesicht von Öl erglänzt
und Brot das Menschenherz stärkt.« (Psalm 104,14f)

Besonders ein Verheißungswort sollte uns Zuversicht geben und uns auffordern, das Unsere zu tun, dass die Erde ihre Schönheit und ihre Seelenkraft behält:

»Es sollen nicht aufhören Aussaat und Ernte,
Kälte und Hitze, Sommer und Winter,
Tag und Nacht.« (Genesis 8,21)

Erstaunlicherweise hat Dietrich Bonhoeffer gerade in den Monaten der Haft, in einer engen Gefängniszelle sitzend, die Diesseitigkeit des christlichen Glaubens entdeckt. »Der Christ … muss das irdische Leben wie Christus ganz auskosten … Das Diesseits darf nicht vorzeitig aufgehoben werden … Ich habe in den letzten Jahren mehr und mehr die tiefe Diesseitigkeit des Christentums kennen und verstehen gelernt … Ich erfahre es bis zur Stunde, dass man erst in der vollen Diesseitigkeit des Lebens glauben lernt.«

Diese Weltzugewandtheit und liebende Verehrung der Erde tut uns not. Wir gehören zur Erde, hier ist unser Platz, hier ist unser Aufgabenfeld, hier dürfen wir uns des Lebens freuen. Wir brauchen wache Sinne, um die Schönheiten wahrzunehmen, um aber auch die Gefahrensignale zu erkennen.

In einem wunderbaren Hymnus hat Hildegard von Bingen ihr Jawort zur Erde gesprochen:

»Der Mensch stand auf,
entfacht vom Lebenshauch seiner Seele,
und kam zur Erkenntnis der gesamten Schöpfung.
In seiner Geistigkeit und mit herzlicher Liebe
schloss der Mensch alle Welt in seine Arme.«

Wir brauchen Wirklichkeit

Pierre Teilhard de Chardin

Härte dich in der Materie, Sohn der Erde, bade dich in ihren brennenden Schichten, denn sie ist die Quelle und die Jugend deines Lebens.

Oh! du glaubtest, auf sie verzichten zu können, weil sich in dir das Denken entzündet hat! – Du hofftest dem Geist umso näher zu sein, je sorgfältiger du das verwarfst, was sich anfassen lässt – göttlicher, wenn du der reinen Idee lebtest – engelgleicher zumindest, wenn du den Leib flohst.

Nun wohl! Du wärest fast vor Hunger zugrunde gegangen!

Du brauchst Öl für deine Glieder – Blut für deine Adern – Wasser für deine Seele – Wirkliches für deine Erkenntniskraft; du brauchst sie auf Grund deiner Natur selbst, begreifst du das wohl? …

Niemals, niemals, wenn du leben und wachsen willst, kannst du zur Materie sagen: »Ich habe dich genug gesehen, ich habe die Runde deiner Geheimnisse gemacht – ich habe davon genommen, was immer mein Denken nähren kann.« – Selbst wenn du, hörst du, als der Weiseste der Weisen in deinem Gedächtnis das Bild all dessen trügest, was die Erde bevölkert oder unter den Wassern schwimmt, wäre dieses Wissen wie ein Nichts für deine Seele, weil alle abstrakte Kenntnis welkes Sein ist – weil, um die Welt zu begreifen, das Wissen nicht genügt: man muss sehen, berühren, im Gegenwärtigen leben, die Existenz heiß inmitten der Wirklichkeit selbst trinken.

Nein, die Reinheit ist nicht in der Absonderung, sondern in einer tieferen Durchdringung des Universums. Sie ist in der Liebe zum unumschriebenen, einzigen Wesen, das alle Dinge von innen durchdringt und durchwirkt.

III
Das Phänomen »Schönheit«

Zu den Grundbedürfnissen, die zum Menschen gehören und die nach einer Befriedigung rufen, gehört auch der Hunger nach Schönheit. Es steckt eine Ursehnsucht in uns nach leibhaftiger Schönheit, nach Formen und Farben, die uns entzücken, nach einer Landschaft, die anmutig ist, nach Gebrauchsgegenständen, die nicht nur praktisch und sachgemäß, sondern auch schön sind. Ein ästhetisches Wahrnehmungsvermögen ist uns eingesenkt, das uns anregt, immerzu die Augen und Ohren offen zu halten und die anderen Sinne zu sensibilisieren, um Phänomene des Schönen in der Natur und der Kultur zu entdecken. – Wenn wir uns allerdings darüber klar werden wollen, was denn genau »das Schöne« ist, wie man genauer die Schönheit bestimmen und mit welchen Kategorien wir sie vom Unschönen und Hässlichen abgrenzen können, geraten wir schnell in Schwierigkeiten. Dazu kommt, dass jeder sehr individuelle Kriterien heranzieht und ein meist nicht reflektiertes Vorverständnis hat. Selbst wenn wir kaum zu einer verbindlichen und allgemein akzeptierten Vorstellung von Schönheit kommen werden: Die Tatsache einer Sehnsucht nach dem Schönen lässt sich wohl kaum leugnen.

Jakob Grimm vermutete, unser Wort »schön« hinge etymologisch mit »scheinen« zusammen, mit auf-scheinen, sichtbar werden. Das ist ein hilfreicher Gedanke, der vieles erhellen kann, wenn auch heute eher angenommen wird, dass »schön« mit »schauen« zu tun hat. Es ist vor allem das Auge, das mit dem Schönen konfrontiert wird, es darf den Glanz wahrnehmen, der in den Dingen verborgen zu sein scheint und aus ihnen herausbricht. Klarheit und Harmonie kann aber auch im Wohlklang erfahren werden. Das Ohr ist also sicher genauso intensiv auf die Aufnahme des Schönen vorbereitet.

Unsere Welt hat wahrlich nicht nur Schönes und Vollkommenes zu bieten. Und was der Mensch schafft, ist alles andere als vollkommen. Wir stoßen auf Schritt und Tritt eher auf Hässlichkeiten: Da wird brutal in die ausgeglichenen Formen der Natur eingegriffen, Häuser entstehen, die ohne Gefühl für Proportionen errichtet worden sind. Und auch die Gesichter der Menschen können manchmal eher abstoßend als anziehend sein, vor allem dann, wenn auch noch geschmacklose Kleider oder unstimmige Frisuren die leibliche Gestalt verunzieren.

Umso mehr freuen wir uns, wenn wir Erfahrungen mit dem staunenswert Schönen machen können. Das Wort »schön« ist im Griechischen (kalós) nicht ausschließlich eine ästhetische Kategorie. Es bedeutet auch gesund, kräftig, gut ausgerüstet, trefflich, fehlerfrei. Darüber hinaus wird aber doch meist eine Verbindung zum Leiblichen gesehen und zum Ansehnlichen. Schön ist das, was reizvoll erscheint in der sinnlichen Wahrnehmung, was durch sein Maß ausgezeichnet ist, was uns also durch seine Proportion und seine Harmonie befriedigt. In der philosophisch-ethischen Betrachtung kommt noch eine Dimension dazu: Das Schöne muss auch Ausdruck einer sittlichen Prägung sein, es muss sich in ihm auch das Gute und Richtige ausdrücken.

In der griechischen Frömmigkeit war Schönheit etwas, das eigentlich nur der Gottheit zukam. Wenn es in der sinnlich-wahrnehmbaren Welt Schönheit gibt (z. B. in der Gestalt eines schönen Menschen), dann sind das Phänomene einer größeren Schönheit, die in den göttlichen Bereich hinüberweisen. Innerweltlich ist das Schöne gewissermaßen nicht erklärbar, es muss das Aufscheinen von etwas Vollkommenem sein, das in unsere Welt hineinwirkt.

In der Antike war es vor allem Plato, der sich über die Erfahrung der Schönheit Gedanken gemacht und nach einer Erklärung gesucht hat. Nach seinem Verständnis hat die menschliche Seele vor ihrer leiblichen Geburt in einem himmlischen Ort schon die wahre Schönheit geschaut. Beim Anblick der irdischen Schönheit kann sie sich nun der wahren Schönheit erinnern. Der Mensch wird von einem Schauer getroffen, »wenn er ein gottähnliches und die

Schönheit trefflich nachahmendes Antlitz oder eine derartige Körpergestalt erblickt«, heißt es im »Phaidros«. Die Sehnsucht nach der Schönheit ist Ausdruck der Sehnsucht nach dem himmlischen Ort, weil dort die Strahlkraft der Ideen erlebt worden ist: »Überkommt die Seele wieder die Erinnerung an das Schöne, so frohlockt sie … Sehnsüchtig eilt sie immer dahin, wo sie den, der die Schönheit besitzt, zu erblicken hofft. Hat sie ihn aber gesehen und neuen Liebreiz in sich aufgenommen, so löst sie wieder auf, was vorher verstopft war, sie erholt sich, da Stiche und Schmerzen aufhören, und kostet wieder für den Augenblick jene süßeste Lust.« Plato hoffte also, dass die Begegnung mit dem Schönen eine heilsame Wirkung habe, weil dadurch die geistige Abstumpfung und das Vergessen der größeren (göttlichen) Wirklichkeit überwunden werden könne.

Haben solche Gedanken eines antiken Philosophen noch Bedeutung für einen Christen der Gegenwart? – Nun, zunächst einmal kann nicht vergessen werden, dass Platos Vorstellungen sehr weitreichend auf die christliche Theologie eingewirkt haben. Wenn Augustin die Schönheit als »Glanz der Ordnung« verstand, dann dachte er natürlich an all die Kräfte, die Gott seiner Schöpfung eingesenkt hat. Noch deutlicher kommt in der mystischen Theologie des Dionysios Areopagita dieser Ansatz zum Vorschein: »Dem Schönen Gottes verdanken alle Wesen, dass sie in der ihnen entsprechenden Weise schön sind … Urbeginn von allem ist das Schöne, weil es die hervorbringende und alles bewegende Ursache ist und alles durch die Liebe zur eigenen Schönheit zusammenhält.« Hier sind es nicht ewige Ideen, die als die Grundkräfte der Welt angesehen werden, hier ist es Gott selbst, der als der Inbegriff der Schönheit angesehen wird.

Die staunende Wahrnehmung des Schönen, das Überwältigtwerden von einem Eindruck, der unser übliches Begreifen übersteigt, sind das nicht auch heute noch Erfahrungen, die wir als religiöse Phänomene bezeichnen können? Da braucht nichts bewiesen zu werden, rationale Begründungen bleiben außer Acht. Dass es immer wieder Überraschungen verborgener oder offenbarer Schönheit gibt, macht uns staunen und ruft unsere Nachdenklichkeit, vor allem aber unsere Dankbarkeit herauf. Die kritischen Einwände gegenüber den Schatten und Abgründen der Schöpfung verstummen, es bricht etwas von der Sinnhaftigkeit und inneren Stimmigkeit des Weltganzen durch. Hans-Georg Gadamer sagt einmal: »Ohne jede Zweckbestimmung, ohne jeden zu erwartenden Nutzen erfüllt sich das Schöne in einer Art von Selbstbestimmung und atmet die Freude der Selbstdarstellung.« Von Zwecken und Gebrauchswerten her kann das Schöne nicht bestimmt und verstanden werden, das hat schon Angelus Silesius in seinem »Cherubinischen Wandersmann« auf unvergleichliche Weise ausgesprochen:

»Die Ros ist ohn Warum, sie blühet, weil sie blühet,
Sie acht' nicht ihrer selbst, fragt nicht, ob man sie siehet.«

Schönheit ist also nicht aufdringlich, sie stolziert nicht pfauenhaft daher, um Bewunderung zu heischen, sie bespiegelt sich nicht im eigenen Glanz, sondern ist einfach da, ohne ihre Wirkung einzukalkulieren.

Und trotzdem geschieht so viel, wenn jemand in den Ausstrahlungsbereich des Schönen gerät. Das kann sich ereignen, wenn man durch einen gepflegten Park geht und sich ganz der Struktur dieses Ordnungsgedankens überlässt. Die Konfrontation mit einem Kunstwerk kann Überraschung und eine solche Freude auslösen, dass man sie kaum auszudrücken imstande ist. Das kann so weit gehen, dass man geradezu erschrickt, wie sehr sich das Geheimnisvolle und Hintergründige des Daseins in einem Bild aussprechen kann. Je nach seiner Veranlagung und der Entfaltung seiner geistigen Sinne wird der eine mehr von der Bildwelt angesprochen sein, der andere von musikalischen Werken, wieder ein anderer von der Schönheit, wie sie sich in einer Landschaft zeigt.

»Ach wie schmachtet doch die Seele nach Schönheit, nach Leben – die Schönheit ist Lebensnahrung der Seele ... Sehnsucht ist Schönheitskeim, der sich entfaltet«, so hat es Bettine Brentano an ihre Freundin Karoline von Günderode geschrieben. Und in ihrem Tagebuch für Goethe heißt es: »Jeder Mensch bedarf der Schönheit als der einzigen Nahrung des Geistes ... Schönheit ist Freiheit ..., sie befreit vom Buchstaben, denn sie ist Geist.«

Wieso kann man dem Phänomen des Schönen eine solche Wirkung zutrauen? Wird dabei nicht das ästhetische Erleben überschätzt? Vielleicht müssen wir der Schönheit einen ontologischen Charakter zubilligen, um ihr Geheimnis würdigen zu können. Daraus rührt ja auch der Respekt, den wir dem großen Kunstwerk zollen, die Liebe und die Verehrung, die wir ihm entgegenbringen. Von der Musik sagt Bettine, sie sei »die Seele der Liebe ...; denn sie ist das Berühren des Göttlichen mit dem Menschlichen«. Wir geraten also auf eine andere Daseinsebene, kommen in den Atemraum einer größeren Wirklichkeit. Es ist wohl jedem Menschen irgendwann so gegangen, dass er beim Hören von Musik eine neue Offenheit und Durchlässigkeit bei sich beobachten konnte. Es gingen Türen auf, die bisher immer verschlossen waren, es wurde uns ein zusätzliches Ohr geschenkt, von dessen Vorhandensein wir bisher noch gar nichts geahnt hatten. Wir konnten uns um eine innere Mitte versammeln, die sich wie ein geheimnisvoller Kraftort kundgab.

Im Werk von Simone Weil finden sich erstaunliche Aussagen über die Schönheit, die zu einer gewandelten Wertung des Schönen in religiöser Sicht führen können. Sie schrieb: »Die Schönheit der Welt ist das Zeichen eines Liebesaustausches zwischen dem Schöpfer und der Schöpfung.« Jede Wahrnehmung des Schönen in unserer Welt weist über die sichtbare Schöpfung hinaus, weil der »schöne« Gott sich in den Phänomenen des Schönen kundtut. Wir müssen die Schönheit in eine Beziehung setzen zur Liebe Gottes, zu seiner Güte und seiner gnadenhaften Selbstmitteilung. Ja, auch die Menschwerdung Gottes muss in eine Beziehung gesetzt werden zu dem Aufscheinen des Schönen. »Es gibt eine Art der Inkarnation Gottes in der Welt, deren Merkmal die Schönheit ist.« Wir brauchen schauendere Augen, um all die unscheinbaren Epiphanien in unserer Alltagswelt wahrzunehmen. Haben wir uns zu sehr an die Selbstverständlichkeiten des Schönen gewöhnt, so dass wir sie nicht mehr staunenswert empfinden? Wir brauchen Sensoren für die großen und die kleinen Kostbarkeiten, die uns jeden Tag vorgeführt werden.

Den kühnsten Satz hat Simone Weil gewagt, indem sie die Schönheit der Welt in eine Beziehung setzt zum Sakrament: »Das Schöne ist wirkliche Gegenwart Gottes im Stoff, die Berührung mit dem Schönen im vollen Sinne des Wortes ein Sakrament.« Simone Weil wollte mit diesem Satz sicher nicht die Zahl der kirchlichen Sakramente erweitern, sie wollte aber darauf aufmerksam machen, dass die göttliche Heilskraft ganz unterschiedliche Wege gehen kann. In den schönheitsträchtigen Elementen der Schöpfung kommt uns die heilende und rettende Gnade entgegen. Gott mag sich auch auf eine Weise inkarnieren, die uns immer wieder staunen macht. Hat nicht schon Novalis sich den Gedanken notiert: »Wenn Gott Mensch werden konnte, kann er auch Stein, Pflanze, Tier und Element werden, und vielleicht gibt es auf diese Art eine fortwährende Erlösung in der Natur.«

Wir haben zulange die Kunstwerke in der Musik, in der Dichtung, der Architektur und der bildenden Kunst als ein zwar erfreuliches, aber letztlich nicht wirklich wichtiges Zubehör des Glaubenslebens verstanden. Wenn das Schöne etwas ist, das sich offenbart, das über sich hinausweist und letztlich transparent wird auf den Gott, der in kein Bild angemessen eingeht, dann müssen wir den Phänomenen des

Schönen mit größerer Hochachtung begegnen. Vielleicht hat Dostojewski etwas davon geahnt, wenn er schrieb: »Schönheit wird die Welt retten. Denn Schönheit, die ein Mensch erlebt, ist nicht ein subjektives menschliches Gefühl, das vielleicht für sich in Anspruch nehmen kann, eine Mode des Augenblicks zu sein. Schönheit ist ein objektives Prinzip in der Welt, das uns die göttliche Herrlichkeit offenbart.«

Wir sind begrenzte und vergängliche Wesen, unsere Augen sind oft genug »gehalten«, sie bleiben an der Oberfläche haften, sie lassen sich vom »schönen Schein« beeindrucken. Ist aber nicht gerade der »Schein des Schönen« das Aufblitzen einer größeren Ordnung? Vielleicht müssen wir dankbarer sein für die gnadenhaften Augenblicke, wenn uns etwas »einleuchtet«, ein Zusammenhang »evident« wird. Jeder Einzelne kann immer nur das aufnehmen und schauend verstehen, was seiner Fassungskraft entspricht, was ihm zugewiesen ist. Wann sehen wir gut, wann sind unsere Sinne so geschärft, dass sie sich vom »Glanz der Wahrheit« treffen lassen? Wenn wir ganz aufmerksam sind, wenn unsere Wahrnehmung nicht vom Verlangen nach Erfolg, Vorteil und Besitz bestimmt wird, sondern vorbehaltlos offen ist. Ist das Herz lebendig und der Geist ansprechbar, dann wird auch uns eine hohe Zeit, eine begnadete Stunde geschenkt, in der das Licht durchbricht. Wenn auch diese Stunde nicht festgehalten werden kann, war es gut, dass sie gekommen ist. Sie gräbt sich tief ein und bleibt unvergesslich.

»Schönheit, wie unverhofft sie auch begegnen mag, ist wie eine Bürgschaft, dass in aller Unordnung des Wirklichen, in all ihren Unvollkommenheiten, Bosheiten, Schiefheiten, Einseitigkeiten, verhängnisvollen Verwirrungen dennoch das Wahre nicht unerreichbar in der Ferne liegt, sondern uns begegnet«, heißt es bei Hans-Georg Gadamer. Das Schöne ist da und wartet darauf, wahrgenommen zu werden. Es kommt auf uns an, ob wir uns treffen lassen.

Im Schöpfungsbericht der Genesis heißt es, wenn wir genau übersetzen, nicht: »Die Welt war sehr gut«, sondern »die Welt war sehr schön«. Und der »gute Hirt« ist eigentlich der »schöne Hirt«, der »gute Same«, der ausgestreut wird, ist – wörtlich genommen – der »schöne Same«. Die Alten wussten, dass das Gute immer mit dem Wahren und dem Schönen zusammengesehen werden muss. Wer die Wahrheit und das Gute sucht, muss sich deshalb immer auch auf die Suche nach der Schönheit begeben.

Vom Staunen über den Sinn und die Schönheit der Schöpfung

Augustinus, Der Gottesstaat XXII,24

Gott ist es, der der menschlichen Seele den Geist gegeben hat, in welchem während der Kindheit Vernunft und Denkkraft gewissermaßen noch schlummern, als wären sie nicht vorhanden, um mit zunehmendem Alter geweckt und entfaltet zu werden …

Was für ein großes natürliches Gut dieser Menschengeist ist, der all das erfinden, erlernen und ausüben konnte! Zu welch wunderbaren und staunenswerten Erzeugnissen in der Verfertigung von Kleidern und im Errichten von Bauwerken hat es die menschliche Aktivität gebracht, welche Fortschritte in Ackerbau und Schifffahrt erzielt, was hat sie nicht alles ausgedacht und ausgeführt in der Herstellung aller möglichen Gefäße oder auch der mannigfaltigsten Skulpturen und Malereien! Was hat sie nicht in den Theatern für Zuschauer und Zuhörer Wunderbares und Unglaubliches hervorzuzaubern und darzubieten vermocht … Wie viele Gewürze und Reizmittel für den Gaumen der Feinschmecker, welche Menge und Vielfalt von Zeichen, vor allem in Sprache und Schrift! Welche Schmuckformen der Rede, welche Fülle verschiedener Versarten, die Herzen erfreuen, wie viele Musikinstrumente und Melodien zum Ohrenschmause! Welch umfassende Kunde von Maßen und Zahlen hat sie erworben, mit welchem Scharfsinn die Bahnen und Stellungen der Gestirne erforscht! Ja, wer kann's beschreiben, welche Unsumme weltlichen Wissens sie angehäuft hat, zumal wenn man alles nicht bloß unter allgemeinen Gesichtspunkten darstellen, sondern im Einzelnen ausführen wollte?

Aber schon an unserm Leibe, der doch in gleicher Weise sterblich ist wie der Tierleib, dazu schwächer als der vieler

Tiere, zeigt sich in herrlicher Weise des großen Schöpfers Güte und Vorsehung. Ist nicht die Stellung der Sinnesorgane und die Anordnung der übrigen Glieder, ja Form, Gestalt und Haltung des ganzen Körpers ein Beweis dafür, dass er zum Dienst einer vernünftigen Seele bestimmt ist? Denn nicht niedergebeugt zur Erde, wie wir es bei den vernunftlosen Tieren sehen, ist der Mensch geschaffen, sondern seine zum Himmel aufgerichtete Gestalt mahnt ihn, nach dem zu trachten, was droben ist. Zeigt nicht ferner die der Zunge und den Händen verliehene wunderbare Beweglichkeit, die sie zum Sprechen und Schreiben und zur Ausübung so vieler Künste und Verrichtungen geschickt und tauglich macht, deutlich genug an, wie trefflich die Seele sein muss, der solch ein Körper als Diener zugesellt ist? Doch auch abgesehen von der Eignung zur nötigen Arbeit ist die Gliederung des Körpers so wohlbemessen, das Gleichmaß der Teile so schön und ansprechend, dass man zweifelt, ob bei seiner Erschaffung mehr der Nutzen als die Schönheit maßgebend war. Denn nichts ist, wie wir uns überzeugen können, am Körper Nutzens halber geschaffen, was nicht auch der Zierde Rechnung trüge. Das würde noch mehr auffallen, wenn wir die Zahl- und Maßverhältnisse kennten, nach denen alles miteinander verknüpft ist … Wenn es also kein Glied gibt, welches seinem Zweck nicht derart angepasst wäre, dass es auch der Zierde diente, so wird man leicht einsehen, dass bei der Erschaffung des Leibes die edle Gestalt den Vorrang hatte vor dem Bedürfnis. Denn das Bedürfnis hört einmal auf, und die Zeit wird kommen, da wir uns gegenseitig allein an der Schönheit erfreuen …

Und nun gar die Schönheit und Zweckmäßigkeit der übrigen Schöpfung, die Gottes milde Güte den Menschen schauen und genießen lässt, ist sie nicht ganz unbeschreiblich? Sieh sie dir an, die vielgestaltige, wechselnde Schönheit des Himmels, der Erde und des Meeres, die Fülle und den wunderbaren Glanz des Lichtes, die Sonne, den Mond und die Sterne, die dicht belaubten Wälder, die Farben und Düfte der Blumen, die Menge zwitschernder, bunter Vögel in ihren mancherlei Arten, die Vielgestaltigkeit zahlloser Tiere, die je kleiner, desto wundersamer sind – denn über das Treiben der winzigen Ameisen und Bienen staunen wir mehr als über die Riesenleiber der Walfische –, das gewaltige Schauspiel des Meeres selbst, das sich mit den verschiedensten Farben schmückt, als wären es seine Gewänder, bald in mancherlei Schattierungen grün schimmernd, bald purpurrot, bald himmelblau. Wie kann es uns entzücken, gerade wenn es wildbewegt ist – ein umso größerer Genuss, wenn es auf den Betrachter Eindruck macht, ohne ihn auf der Seefahrt zu rütteln und zu schütteln. Oder denk an die Fülle der Speisen zur Stillung des Hungers, wohlschmeckend und doch, dem Überdruss zu steuern, verschiedenartig, wie sie der Reichtum der Natur und nicht so sehr die Kunst und Mühe der Köche darbietet, desgleichen an die vielen Mittel, die Gesundheit zu erhalten oder wiederherzustellen. Wie angenehm ferner der Wechsel von Tag und Nacht, wie einschmeichelnd das sanfte Spiel der Lüfte! Wie viel Stoffe für Kleidung spenden Pflanzen und Tiere! Wer kann alles aufzählen? Wollte ich auch nur all das, was ich jetzt wie in Bündeln verschnürt dem Leser vorgelegt habe, auseinander falten und darlegen, wie lange müsste ich da bei den einzelnen Stücken verweilen, die so vieles in sich schließen!

IV
Spuren des Paradieses

Singe die Gärten, mein Herz, die du nicht kennst; / wie in Glas eingegossene Gärten, klar, unerreichbar. / Wasser und Rosen von Ispahan oder Schiras, / singe sie selig, preise sie, keinem vergleichbar.« – Wir sollen, so fordert uns Rainer Maria Rilke auf, Gärten besingen, die wir nicht kennen. Sollen wir uns auf Gärten besinnen, die nur in unserer Phantasie existieren? In uns scheinen geheimnisvolle Landschaften zu wohnen, die in unseren Träumen manchmal Gestalt gewinnen – und sich wieder auflösen. Aber es mag sein, dass wir in einem realen Garten an den verborgenen und uns innewohnenden Garten erinnert werden.

Man kann die Menschheitsgeschichte als eine Geschichte der Suche nach dem verlorenen Paradies begreifen. In irgendeinem mythischen Urdunkel gab es einen unbeschreiblichen Wonnegarten absoluten Glücks. Der ging schuldhaft verloren, der Mensch wurde verstoßen und hat nur die eine große Sehnsucht, wieder zu dem traumhaft schönen und glücklichen Land des Anfangs zurückzukehren. Der mythischen Urerinnerung entspricht ein fernes Zielbild der Sehnsucht. Vielleicht brauchen wir Menschen ein Utopia, damit wir innerlich lebendig bleiben und die ungeweckten Kräfte in uns wachgerufen werden. Menschliches Leben ist nur zu verstehen als ein Weitergehen, ein Überschreiten von Grenzen. Ohne Vorentwürfe und kühne Visionen ist aber eine wirkliche Weiterentwicklung der Menschheit gar nicht denkbar. Es scheint ein geheimer Bauplan im Menschen angelegt zu sein, der zur Entfaltung drängt und sich in konstruktiven Ideen und Gedankenspielen zu Wort meldet.

Aber die Menschheitsgeschichte ist auch eine Geschichte der Enttäuschungen, der Fehlschläge und Irrwege. Manche Utopien haben sich zu schrecklichen Terrorsystemen entwickelt. Aus den erhofften Paradiesen wurden höllische Unterdrückungsmechanismen, aus den Freiheitsbewegungen erwuchsen Sklavensysteme. Es wäre falsch, wollte man daraus schließen, wir sollten lieber auf das Nach-vorwärts-Träumen verzichten. Solange im Menschen Kräfte wach sind und eine Dynamik wirksam ist, wird auch der Wunsch sein Handeln bestimmen, die Welt zu verwandeln und seine Lebensbedingungen zu verbessern.

Es reicht offenbar nicht, etwas mehr Lebensqualität zu erringen oder das Dasein quantitativ zu verbessern. Eigentlich geht es immer »ums Ganze«, um die Frage, ob sich das Leben lohnt oder nicht, ob sich das Dasein als sinnvoll oder sinnlos erweist. Und diese Frage hat die Artusritter umgetrieben, als sie sich auf die Suche nach dem Gral begaben, die »Queste« auf sich genommen haben, diese Frage trieb die Jakobspilger im Mittelalter um, beschäftigte die Alchimisten und Adepten. Und noch die Abenteurer, Forscher und Entdecker waren nicht nur auf Gold und Reichtümer aus, sondern waren von der Hoffnung bestimmt, sie könnten das verlorene Paradies wieder entdecken.

Es ist nahe liegend, dass unsere Paradiesvorstellungen meist in der Nähe eines Schlaraffenlandes angesiedelt sind: Die gebratenen Tauben müssen in der Luft herumfliegen, die Bratwürste an den Bäumen wachsen, die Brunnen köstlichen Wein anbieten. Unser Vorausdenken, unsere Zukunftsträume und Wunschbilder sind nun einmal von unseren Bedürfnissen bestimmt; gewöhnlich meinen wir, das Paradies müsste da sein, wenn unsere Bedürfnisse in einer idealen Weise erfüllt seien. Dabei übersehen wir freilich, wie wandelbar unsere Sehnsüchte sind und dass unsere Wünsche die besondere Eigenschaft haben, ins Ungemessene zu wuchern.

Wenn es um die essentiellen Grundlagen unseres Daseins geht, da ist unser Paradies sehr schlicht: Wir wollen überleben, wollen das Nötigste zum Essen und Trinken haben, eine Höhle, in die wir uns zurückziehen können, und ein paar Lumpen, um nicht zu erfrieren. Kaum ist die Notdurft gestillt, wird das Paradies anspruchsvoller, die Wünsche wachsen, und die Bedürfnisse differenzieren sich. Das muss wohl auch so sein, weil es der Anfang menschlicher Kultur ist: Wir wollen nicht nur unseren Hunger stillen, sondern miteinander Mahl halten, wollen uns nicht nur vor der Kälte schützen, sondern uns durch die Kleidung selbst repräsentieren, wollen nicht in einer dumpfen Wohnhöhle hausen, sondern in einer gestalteten Umgebung wohnen. – Und plötzlich reicht nichts mehr aus und wird nichts kritiklos hingenommen: Auch die Landschaft soll unseren ästhetischen Ansprüchen genügen, die Vorstellungen von einer »Traumwohnung« werden immer üppiger.

Es bleibt die Frage, ob wir in einer von unseren Wünschen geprägten Phantasiewelt wirklich glücklich würden. In ihren Notizbüchern fragt Simone Weil: »Wäre das ›irdische Paradies‹ wünschenswert?« Und sie gibt sich folgende Antwort: »Nichts würde den Menschen dort das Grundprinzip der Herrschaft über sich selbst lehren … Er hätte keine anderen Lebensregeln als seine Leidenschaften.« – Es ist zweifelsohne staunenswert, was wir alles mit unserer Intelligenz und unserem technischen Wissen erreicht haben: Heutzutage werden die Menschen älter als jemals vorher, in unseren Breiten leiden wir nicht Not, sondern leiden am Überfluss. Die Touristik bietet uns pausenlos Traumreisen in die letzten Paradiese an, und die Unterhaltungselektronik füttert uns mit einer Fülle von Bildern und Musik. Aber es scheint, dass dadurch die Seele nicht satt wird und sich höchstens ein Gefühl der Übersättigung und der Langeweile einstellt.

Die Weisen haben nie ein Paradies des »Dolce-farniente« versprochen, nie das Heil des Menschen in der Machtfülle, im Reichtum, im hohen Lebensstandard verheißen. Schon im ersten Spruch des chinesischen Weisen Lao-tse heißt es: »Nur der Wunschlose erblickt das Geheimnis, wer stets wunscherfüllt ist, erblickt nur die Außenbereiche.« Und Lukrez lehrte: »Nichts Süßeres gibts als die heiteren Tempel zu hüten, welche die Lehre der Weisen auf sicheren Höhen errichtet. Ruhevoll kannst du von dort auf das Treiben der andern herabsehn, wie sie da schweifen und irren.« – Diese

Botschaft hören wir wohl, vielleicht stimmen wir innerlich auch zu – und können doch nicht wunschlos leben.

Seltsamerweise haben manche Menschen die Vorstellung, sie wären unglücklich, wenn sie nicht das absolute Glück fänden. Aber die Alternative ist ja nicht: entweder das große dauerhafte Glück oder die Trostlosigkeit des Unglücks, sondern: Sind wir in der Lage, die Angebote des Glücks, die uns das Schicksal gewährt, zu erkennen und anzunehmen – oder sind wir unaufmerksam und blind dafür? Vielleicht hat Rilke recht, wenn er die Freude mehr schätzte als das Glück. In einem Brief schrieb er: »Die Realität jeder Freude ist unbeschreiblich in der Welt, nur in der Freude geht noch die Schöpfung vor sich …, die Freude ist eine wunderbare Vermehrung des schon Bestehenden, ein purer Zuwachs aus dem Nichts heraus.«

Es kommt also darauf an, die »Einsprengsel« der Freude in unserem Leben wahrzunehmen, die uns vielleicht jeden Tag angeboten werden und die wir in der Gefahr sind auszuschlagen, weil wir ungestüm dem »großen Glück« nachrennen, ohne es erreichen zu können. Für diese Wahrnehmungsfähigkeit brauchen wir eine spielerische Leichtigkeit. Ein besonderer Blick ist nötig, weil wir sonst die unscheinbaren Details übersehen.

Ist es nicht etwas hochgegriffen, gleich vom »Paradies« zu sprechen? Nun, wir identifizieren gewöhnlich das Paradies vorschnell mit Harmonie, Spannungslosigkeit, friedlicher Langeweile. Ist das vielleicht ein Ort, wo nichts »passiert« und alles immer im Lot ist?

Wer in seinem Alltagsleben immerzu in der Unruhe steckt und von der Betriebsamkeit seines Berufes aufgerieben wird, der mag sich angezogen fühlen von einem Zustand, bei dem er endlich einmal keine Aufregungen zu gewärtigen hat. Aber zu unserem Leben gehört nun einmal auch die Abwechslung, die Polarität von Spannung und Entspannung. Die Beschaulichkeit tut uns gut, aber dann brauchen wir auch wieder die Herausforderungen und das aktive Eingreifen in die Wirklichkeit.

Es ist ja wohl kein Zufall, dass zu den stärksten Erinnerungen, die sich bei uns angesammelt haben, Reiseerlebnisse gehören, wobei es durchaus manchmal auch abenteuerlich zugegangen sein darf. Es lockt uns zu unbekannten Dimensionen. Der Aufbruch und die Entdeckung bisher nie gesehener Landstriche, natürlich auch die überraschende Erkenntnis von größeren Zusammenhängen und Einsichten in geheimnishafte Bereiche, all das hat vielleicht mehr mit einer Paradieserfahrung zu tun als das Verharren in einem spannungslosen Idyll. Wo sich das Leben erneuert, wo Energien strömen, da können wir Gipfelerfahrungen des Daseins machen. Wenn wir auch diesen Begebenheiten keine Dauer verleihen können, so bleiben sie dennoch unverloren und prägen sich dauerhaft ein.

Wer dumpf lebt und keine Fragen stellt, der mag ein stupides Glück in einer geschlossenen Welt erleben, weil er sich mit dem Vorhandenen zufrieden gibt. Aber der Fragende und Suchende spürt, dass wir immer in einer Suchbewegung stecken und noch so viel aussteht, was nicht erschienen ist. Und es mag sein, dass wir auch etwas verloren haben, das wir wiederfinden wollen.

In seiner Abhandlung »Über das Marionettentheater« geht Heinrich von Kleist der Frage nach, was wir verloren haben. Seit wir vom Baum der Erkenntnis gegessen haben, passieren uns Missgriffe, das ist seine Beobachtung. Und dann fährt er fort: »Doch das Paradies ist verriegelt und der Cherub hinter uns, wir müssen die Reise um die Welt machen und sehen, ob es vielleicht von hinten irgendwo wieder offen ist.« Wenn der Haupteingang versperrt ist, gibt es da möglicherweise seitliche Zugänge? Kleist denkt an die immer ausdrücklichere Neigung des Menschen zur Reflexion, die aber in Sackgassen führt. Wird sie dagegen dunkler und schwächer, dann tritt »die Grazie darin immer strahlender und herrschender hervor.« Die Erkenntnis muss durch ein Unendliches hindurch, dann findet sie die Grazie wieder. Die Untersuchung endet mit einer Frage: »Mithin müssten wir wieder von dem Baum der Erkenntnis essen, um in den Stand der Unschuld zurückzufallen?« Die Antwort ist: »Allerdings, das ist das letzte Kapitel von der Geschichte der Welt.«

Eine nostalgische Verklärung der Vergangenheit führt uns nicht zu einer Lösung unserer Probleme. Ein verlorenes Paradies kann nicht durch eine Rückwanderung wiedergewonnen werden. Weder die kindliche Naivität noch eine vorbewusste und unreflektierte Einstellung zum Dasein können uns eine paradiesische Lebensform zurückgewinnen. Es treibt uns weiter, aber auch für diese Bewegung nach vorn sind wir auf Urbilder angewiesen, und jeder von uns hat sie mitbekommen. Unsere Träume mögen ihren »Stoff« aus der mythischen Urzeit beziehen, ihre Zielrichtung weist nach vorn, sie deuten mögliche Wege ins Künftige an. Die fragende Wendung ins Vergangene und die tastende Orientierung ins Kommende schließen sich gegenseitig nicht aus. Man sagt vom Menschen der Antike, er habe vor einer wichtigen Entscheidung zunächst innegehalten und sich zurückgewandt (um den überlieferten Mythen zu lauschen), dann erst habe er seine Entscheidung getroffen und das getan, was getan werden musste. So gesehen, ist die Besinnung auf die Ursprünge notwendig, damit wir erkennen, in welchen Zusammenhängen wir stehen und aus welchen Kräften wir leben. Dadurch bekommen wir Impulse für unser konkretes Tun: Jeder Hausbau wird eine Weltschöpfung im Kleinen, jedes Anlegen eines Gartens geschieht nach dem Urmodell des Paradieses.

Im Griechischen gibt es für Anmut und Grazie, für Gnade und Dankbarkeit das eine und selbe Wort: charis. Das Anmutige ist auch das Gnadenhafte, so haben es die alten Griechen empfunden. Und wer aus der Balance fällt, das Gleichgewicht der Schwebe verliert, der fällt auch gleichsam aus der Gnade heraus. Kleist ruft dazu auf, von der Marionette zu lernen, wieder die schwebende Leichtigkeit zu bekommen. Er sieht darin auch einen Zugang zum Paradies.

In ihrer kleinen Erzählung »Adam und Eva« hat Marie Luise Kaschnitz eine nachdenklich machende Szene stehen: Die beiden Stammeltern, längst aus dem Paradies vertrieben, werden langsam älter, aber Adam hat seiner Frau verschwiegen, dass sie sterben müssen. Nun endlich bringt er es fertig, es ihr zu sagen, muss aber überrascht feststellen, dass sie es längst wusste. »Was wird aus uns?«, fragt Adam, und Eva antwortet: »Wir gehen zurück in den Garten.« »Ist er denn noch da?«, fragt Adam erstaunt. »Gewiss«, sagt Eva. »Wie willst du das wissen?«, fragt Adam mürrisch. »Woher meinst du«, fragt Eva, »dass ich die Reben hatte, die ich dir gebracht habe, und woher meinst du, dass ich die Zwiebel der Feuerlilie hatte, und woher meinst du, hatte ich den schönen funkelnden Stein?« – »Woher hattest du das alles?«, fragt Adam. »Die Engel«, sagt Eva, »haben es mir über die Mauer geworfen.«

Diese tröstliche Sequenz macht deutlich: Wir wohnen zwar nicht im Paradies, aber der Wonnegarten ist auch nicht so weit entfernt, dass wir gar keine Verbindung zu ihm hätten. Manchmal fliegen in unseren Bereich Dinge, die »von drüben« kommen, die so schön und kostbar sind, dass sie nicht einfach die Früchte unserer üblichen Erfahrungswelt sein können. Wir bekommen sie angeboten, aber wir müssen sie auch annehmen, hüten und pflegen und dankbar genießen. Es wäre ungerecht, wollten wir immer nur auf das schauen, was uns fehlt und was uns bedrängt, während wir all die Geschenke nicht beachten, die uns gewährt werden.

Die Spurensuche sollte also gar nicht in erster Linie in die fremden Zonen gehen, in die verborgenen Bezirke dessen, was unseren Augen entzogen ist, sondern uns gerade in das Zugängliche führen, was den Sinnen offen steht. Hier sind die Überraschungen zu gewärtigen, hier sind die Funde möglich, die Funken aufbrechender Freude können plötzlich aufstieben.

Alles, was wir erleben und entdecken, hat noch zusätzliche Qualitäten, weist über sich hinaus. »Die ganze Schöpfung ist ein Schatzhaus der Symbolik«, sagt Werner Bergengruen, »und die eigentliche Realität drückt sich in den Symbolen aus. Ein untrügliches Gefühl für die Bedeutung der Symbole und ihren Zusammenhang mit der Erscheinung ist dem Menschen eingeboren, nicht anerzogen.« Deshalb müssen wir die Dinge lieben, gerade die unscheinbaren, weil sie ihre eigene Bedeutung haben. Gibt es überhaupt etwas, das nicht unsere Aufmerksamkeit verdient? Alles hat Gleichnischarakter und kann transparent werden auf eine Ebene, die unsere sinnliche Vorstellung übersteigt und unsere Gedanken hinter sich lässt. Was wir hier erleben dürfen, hat seine eigene Wertigkeit und sollte dankbar angenommen werden, auch wenn es einen vergänglichen Charakter hat und nicht festgehalten werden kann.

»In der ärmsten kleinen Geige
   liegt die Harmonie des Alls verborgen,
Liegt ekstatisch tiefstes Stöhnen,
   Jauchzen süßen Schalls verborgen,
In dem Stein am Wege liegt
   der Funke, der die Welt entzündet,
Liegt die Wucht des fürchterlichen,
   blitzesgleichen Pralls verborgen,
In dem Wort, dem abgegriffnen,
   liegt, was mancher sinnend suchet:
Eine Wahrheit, mit der Klarheit
   leuchtenden Kristalls verborgen …
Lockt die Töne, sucht die Wahrheit,
   werft den Stein mit Riesenkräften!
Unsern Blicken ist Vollkommnes
   seit dem Tag des Sündenfalls verborgen.«
HUGO VON HOFMANNSTHAL

Auch wenn es Abgründiges und Dumpf-Chaotisches in unserer Welt gibt, auch wenn wir so oft leiden unter der quälenden Zerstörung der Schöpfung und uns auf viele Fragen keine Antwort gegeben wird, es gibt noch viel Honig zu sammeln, es finden sich noch genug Einsprengsel von Glück.

Was ist das Gras?

Walt Whitman

Ein Kind sagte: *Was ist das Gras?* und pflückte es mir mit
    vollen Händen.

Wie konnt ich dem Kinde antworten? Ich weiß nicht besser,
    als das Kind, was es ist.

Ich glaube, es muß die Flagge meines Wesens sein, gewoben
    aus hoffnungsgrünem Stoff.
Oder ich glaube, es ist das Taschentuch Gottes,
Eine duftende Gabe und Andenken, mit Absicht fallen ge-
    lassen,
Mit dem Namen des Eigentümers in einer der Ecken, so daß
    wir schauen und fragen mögen: *Wem gehörts?*,

Oder vielleicht ist das Gras selber ein Kind, das Neugeborne
    der Pflanzenwelt.

Oder ich glaube, es ist eine einzige große Hieroglyphe
Und bedeutet: Sprießend gleicherweise in
    breiten Zonen und schmalen Zonen,
Wachsend bei schwarzen Völkern und weißen.
…

V

Vom dankbaren Umgang mit der Zeit

Solange ich denken kann, / Gingen Uhren immer zu schnell«, heißt es in einem Gedicht von Marie Luise Kaschnitz. Wie oft geht es uns so, dass uns die Zeit davongaloppiert und wir mit unseren Plänen und Vorhaben nicht nachkommen. Immer noch mehr wollen wir aus der knappen Zeit herausholen und ärgern uns, dass sie so eilig verfliegt. Der Blick auf den Kalender macht uns deutlich, dass die Zeit unausweichlich weiterläuft, ohne dass wir sie aufhalten können. Und wenn wir gar in den Spiegel blicken, können wir die Spuren der Zeit in unserem Gesicht ablesen. »Die Zeit ist eine geräuschlose Feile«, sagt ein italienisches Sprichwort.

Vielleicht ist das eine falsche Betrachtungsweise. Wir sollten nicht so tun, als würden wir von der tickenden Uhr tyrannisiert. Der überfüllte Terminkalender ist nicht vom Himmel gefallen, den haben wir uns selbst eingebrockt. Und die gehetzte Eile kommt nicht dadurch zustande, dass jemand mit einer Peitsche hinter uns steht. Sie ist ein Produkt unserer eigenen Unruhe.

Wir dürfen es nicht vergessen: Die Zeit ist das große Geschenk, das wir ununterbrochen angeboten bekommen. In jedem Moment wird uns die Prise Zeit gewährt, die wir nötig haben, damit wir im Leben sein können. Wir können atmen, unser Herz schlägt, unsere inneren Organe leisten ihren Dienst, unser Gehirn ermöglicht uns das Denken und Planen.

Weil es uns so selbstverständlich erscheint, diese zum Leben nötige Zeit geschenkt zu bekommen, müssen wir manchmal innehalten und dieses Glück der gestundeten Zeit dankbar genießen. Wenn wir nämlich alle Zeiträume mit hektischem Tun vollstopfen, dann kommt es uns tatsächlich so vor, als hätten wir keine Zeit, obwohl wir sie doch haben.

»Zeit haben, heißt den Tod duzen«, hat Frank Thieß gesagt. Wer also recht mit seiner Zeit umgeht, sie herankommen lässt und so nutzt, wie es ihr zukommt, dem braucht nicht einmal davor bange zu sein, dass unsere Lebenszeit einmal zu Ende geht.

Gibt es eine Zeit, die besser geeignet ist, sich von der Gabe Zeit beschenken zu lassen und sie nach Herzenslust auszukosten, als die Ferienzeit? Nun endlich fallen so viele Zwänge weg, kann der Terminkalender in der Schublade bleiben, können wir vielleicht sogar einmal auf die Uhr verzichten.

Aber wir werden es merken: Es ist gar nicht so leicht, aus der eigenen Unruhe herauszukommen, die ängstliche Einteilung der Stunden einmal dranzugeben, um die Zeit geruhsam herankommen zu lassen, sie wirklich auszukosten und vorübergehen zu lassen. Vielleicht hilft es uns, wenn wir am Meer sitzen und den heranrollenden Wogen zuschauen. Oder wir können, wenn wir den vorbeiziehenden Wolken hinterherschauen, etwas von dieser Muße erleben. Ein afrikanisches Sprichwort jedenfalls sagt: »Als Gott die Zeit schuf, hat er genug davon gemacht.«

Wir haben uns angewöhnt, mit unserer Zeit haushälterisch umzugehen. Sie ist schließlich kostbar und viel zu schade, als dass wir sie »vertreiben« dürften. Unsere planende Vernunft greift immer wieder ein. In uns sitzt ein geheimer Mahner, der sagt: Trödle nicht so, du hast noch viel zu tun. Die Zeit, die du jetzt vertändelst, fehlt dir später bei deinen Unternehmungen. So richtig diese Einstellung sein mag, sie darf nicht absolut gesetzt werden. Wir leben nun einmal im Wechsel von Arbeit und Muße, von Anstrengung und Entspannung, von Konzentration und spielerischer Zerstreuung. Ein Mensch, der jede Sekunde ausnutzen will und immer von seinen Plänen bestimmt ist, wird allmählich verkrampft. Wir haben auch Zeiten nötig, wo wir dem süßen Nichtstun frönen und einfach die Zeit dahinfließen lassen.

In einer unverplanten Zeit, die wir genießen dürfen wie eine Gnade, geschieht ja nicht etwa »nichts«. Wir atmen vielmehr tief auf und lassen Dinge in uns aufsteigen, die sonst gar nicht ans Tageslicht kommen konnten. Wir können auch intensiver das erleben, was sich gerade begibt, auch wenn es unscheinbare Dinge sind. Erhart Kästner hat einmal folgenden Gedanken notiert: »Eine Gabe Zeit zugegeben, das bringt die Dinge zum Reden. Trinkt man vom Zeitwasser, so versteht man. Zeit bringt auch eine Gabe Trauer mit ein, die, wunderbarerweise, verwandt mit Hoffnung und Trost ist.«

Haben wir es fertig gebracht, einmal einen ganzen Tag zu verschwenden, ohne dem eisernen Muss beruflicher Pflichten zu folgen, ist es uns gelungen, diese andere Zeitqualität kennen zu lernen, dann können wir auch in unseren Alltag wieder zurückkehren, wo andere Regeln herrschen. Und gar ein ganzer Urlaub mit seinen vielen Möglichkeiten holt uns aus unserem Labyrinth heraus, gewährt uns die Freiheit und das Verfügungsrecht über die Zeit, damit wir – beschwingt und erleichtert – auch wieder die Bürde der festgelegten Termine und der Zeitenge zu tragen bereit sind.

Manchmal leben wir nach der Devise, die Georg Büchner in seinem Lustspiel Leonce und Lena ausgegeben hat: »Wir lassen alle Uhren zerschlagen, alle Kalender verbieten und zählen Stunden und Monde nur nach der Blumenuhr, nur nach Blüte und Frucht.« So merkwürdig es klingt: Wir müssen es wieder lernen, uns auch manchmal dem Müßiggang zu überlassen.

Wie kann man das lernen? Dafür gibt es keine Schulen, aber jeder kann Plätze finden, wo er sich darin einzuüben lernt. Wer einmal an einem offenen Feuer sitzt und dem Funkenflug und dem lodernden Aufflammen zusieht, wer das Knistern und Knacken mit seinen Ohren verfolgt, der kann ganz darin verweilen, ohne dass es ihm langweilig wird. Und wer ein ruhiges Waldstück findet, wo noch die Vögel unbekümmert singen und eine Vielfalt von Pflanzen sich ausbreiten kann, der wird, wenn er es fertig bringt, ganz still zu werden, erleben, dass die Zeit beinahe stehen bleibt. Wir können dabei gelassen werden, dankbar für diese Geschenke, die nichts kosten und dennoch unbezahlbar sind.

In China erzählt man sich folgende Geschichte: Kung Fu-tse fragte eines Tages vier von seinen Schülern nach ihren Herzenswünschen. Während einer sich gleich zutraute, das ganze Staatswesen zu ändern und zu reformieren, der zweite dem Volk Wohlstand zu bringen versprach, der dritte als Zeremonienmeister im königlichen Ahnentempel fungieren wollte, fabulierte der vierte: »Ich möchte am liebsten im Spätfrühling, wenn man schon im leichten Gewand gehen kann, mit fünf oder sechs Burschen, die bereits Männerkappen tragen, und in Begleitung von sechs oder sieben Knaben im Fluss baden, möchte mich in der Brise beim Regenaltar trocken wehen lassen und mit der fröhlichen Schar singend heimkehren.« – Und wie reagierte der strenge Meister auf diesen spontanen Herzenswunsch? Kung Fu-tse seufzte und sagte: »Wenn du nur wüsstest, wie meine Wünsche den deinen gleichen.« Offenbar steht der Gedanke dahinter: Wer das Staatswesen reformieren will und es unternimmt, das Seine dazu beizutragen, damit andere glücklich werden, der sollte darüber nicht ganz seine eigenen Sehnsüchte vergessen. Keiner sollte das ausschlagen, was ihm die Gunst der Stunde und der konkrete Augenblick anbieten.

Die Ereignisse unseres Lebens gehen häufig auf gemächliche Weise vor sich: Es entwickelt sich etwas allmählich und kündigt sich an, bis es – im Laufe geraumer Zeit – Gestalt annimmt und dann wirksam werden kann. Aber es gibt auch andere Fälle, da bricht etwas völlig überraschend und unvorhergesehen in unser Leben ein, sodass wir dieses Neue gar nicht begreifen können und eher ängstlich abwehrend darauf reagieren. Dieses plötzlich Hereinbrechende kann eine veränderte Situation sein, eine überraschende Begegnung, aber auch ein Gedanke, der uns »zu-fällt« und von dem wir sagen möchten, dass er uns nicht einmal im Traum eingefallen wäre. Er ist uns zuteil geworden, als wäre ein Meteor eines anderen Planetensystems bei uns eingeschlagen. Es lohnt sich, manchmal innezuhalten und sich an Situationen aus dem eigenen Leben zu erinnern. Die verschiedenen Zeiten, die wir erleben durften, hatten ein ganz unterschiedliches Gewicht. Da gab es die schweren und schicksalhaften Stunden, wo alles auf dem Spiel zu stehen schien, es gab die langweiligen Zeiten, in denen offenbar gar nichts passierte, und es gab die federleichten, fröhlichen Stunden, wo alles spielerisch zu gelingen schien. Manches Erlebnis haben wir ersehnt und herbeigewünscht, anderes gefürchtet und mit Zittern erwartet. Aber es gab auch die Augenblicke unerwarteten Glücks, die wir uns nicht als Verdienst anrechnen konnten, weil sie reines Geschenk waren. Die Rückschau kann uns zur Einsicht bringen, wie nötig uns die schweren wie die leichten Zeiten waren. Das Geplante wie das Ungeplante hat nun seinen Platz gefunden, die Schrecken und die Beseligungen haben Spuren hinterlassen. Wir haben geruhsame Zeiten nötig, und manchmal muss es die Stromschnellen geben. Vielleicht sind es in unserem Leben nur eine »Hand voll« wichtige Stunden, die für unser Dasein entscheidend waren und Geschichte gemacht haben. Im Nachhinein mögen wir noch ein Nachbeben spüren, was da alles auf dem Spiele stand.

Gerade im Religiösen scheint es solche Widerfahrnisse zu geben, die wie ein Blitz aus heiterem Himmel einschlagen und erst allmählich in ihrer Tragweite erkannt werden, weil sie zu übermächtig sind, um gleich in ihrem Gewicht erfasst zu werden. Solche Erfahrungen hat schon Augustin in seinen »Bekenntnissen« aufgezeichnet. In einem Gespräch mit seiner Mutter Monika, das er in Ostia führte, durchwanderten sie in Gedanken die Stufen der dinglichen Körperwelt, den himmlischen Bereich mit Sonne, Mond und Sternen, bis sie »die Gefilde unerschöpflicher Fülle« erahnen konnten.

Was dann geschah, schildert Augustin so: »Und während wir so reden von dieser ewigen Weisheit, voll Sehnsucht nach ihr, da streiften wir sie leise in einem vollen Schlag des Herzens.« Ein Moment der Einsicht war ihnen gewährt worden, ein Augenblick der »Offenheit«, der aber nicht festgehalten werden kann, weil er eben nur »einen Herzschlag« lang geschenkt wurde. Manchmal genügt eben ein Herzschlag, der »Nu« eines Augenblicks, damit sich alles ändert. Solche Momente bleiben unvergesslich, weil ihnen der verhüllende Vorhang für einen Augenblick gelüftet worden ist und der Blick in eine andere Dimension freigegeben wurde. Augustin schreibt, dass er einmal bis an das hingelangt sei, »was ist«, und dass das »in dem blitzenden Moment eines zitternden Erblickens« gewesen sei. Dann ergänzt er aber, dass er das göttlich Unschaubare »im Mittel der Schöpfungsdinge« erkennen konnte. In der uns zugänglichen Wirklichkeit kann auch das Hintergründige und Geheimnishafte geahnt werden, wenn uns eine solche eindringliche Schau gewährt wird.

Jede Zeit scheint ihr eigenes Geheimnis zu haben, und es ist gut, dass wir so viele unterschiedliche Zeiterfahrungen machen. Wichtig ist wohl, dass wir nach den Gipfelerfahrungen einer »hohen Zeit« auch wieder bereit sind, in die Niederungen der Alltagszeit hinabzusteigen. Es kann nicht jeden Tag Höhepunkte geben. Aber die herausgehobenen Stunden dürfen nicht so schnell zugedeckt und vergessen werden, dann behalten sie eine eigenartige Kraft.

Alles, was lebt, braucht Zeit, um wachsen und sich entfalten zu können. Die uns geschenkte Zeit ist ein dauerndes Angebot zur Ausfaltung unserer Eigenart. Wir müssen eine Menge Geduld aufbringen, weil das Wachstum nicht künstlich beschleunigt werden darf: Erst wenn die rechte Zeit da ist, kann sich das ereignen oder kann das getan werden, was jetzt fällig ist. Die Vorgänge des Wachstums sind unscheinbar, kaum wahrnehmbar. Wer zuschauen will, wie es vorangeht, wird den Eindruck bekommen, dass sich gar nichts ereigne. Aber das Wachstum macht nur keinen Lärm. – Es ist auffällig, wie häufig Jesus bei seiner Verkündigung Wachstumsgleichnisse erzählt hat. »Ein Mann wirft den Samen auf die Erde. Nun schläft er und wacht auf, es wird Nacht und wieder Tag. Und der Same sprosst auf und macht sich lang, wie denn? Er weiß es nicht. Von selber trägt die Erde Frucht: erst Halm, dann Ähre, dann das volle Korn in der Ähre. Und wenn es die reife Frucht zulässt, dann sendet der Mann die Sichel, die Ernte ist da.« (Markus 4,26–29)

Es ist vielleicht ein besonderes Kennzeichen der Lebenskunst, wenn ein Mensch die unterschiedlichen Angebote der Zeit annehmen und dankbar in sein Leben einbringen kann. Vor allem die unmittelbare Gegenwart, das Hier und Heute, muss ergriffen und durchlebt werden. Das Vergangene ist nicht völlig vorüber, weil wir es durch unsere Erinnerung wieder herbeirufen können; das Künftige ist nicht völlig abwesend, weil wir vorausträumen und das Herankommende schon ahnen und planend vorwegnehmen können. Wirklich zu Eigen ist uns doch nur dieses hauchdünne Etwas, das so winzig und vergänglich ist, dass niemand es messen kann, obwohl es uns doch trotzdem riesige »Zeiträume« erschließt.

Von Conrad Ferdinand Meyer werden wir aufgefordert, jede uns gewährte Zeit als kostbare Gabe anzunehmen:

»Jedes Ding hat seine Zeit,
Jede Zeit hat ihren Segen,
Lass dich innig nur bewegen
Fremdes Leid und eignes Leid!
Trägst du heut' ein Trauerkleid,
Kommt der Tag, es abzulegen;
Jede Zeit hat ihren Segen,
Jedes Ding hat seine Zeit.«

Die Kommode der Erinnerungen

Felix Timmermans

Die Kommode steht da in meinem stillen Zimmer, im goldenen Licht, das zögernd, fast schüchtern durch die honiggelben Vorhänge hereinsickert.

Es ist nur eine Kommode, ein schlichtes Möbel, das nichts Ungewöhnliches an sich hat, das eben alt, matt und blind geworden ist, das gemütlich seinen Bauch vorstreckt ohne alle andere Verzierung als ein wenig flaches Laubwerk und Messinggriffe. Für mich aber ist diese Kommode mehr als nur ein schönes, altes Möbel. Ein Stück meiner Seele liegt darin, der ganze Duft meines Lebens wird in ihr aufbewahrt. Sie ist die Schatzkammer meiner Vergangenheit, die Hüterin meiner Stunden.

In früheren Zeiten machten die Mönche für Könige und Prinzen schöne Büchlein, die sie mit Blumen, Farben, Gold und auch mit kleinen Landschaftsbildern schmückten. Die herrlichsten Gebete ihres Glaubens wurden darin aufgezeichnet, und sie nannten sie »die sehr schönen Stunden«. Etwas Ähnliches ist diese Kommode für mich geworden. Wenn ich ihre Schubfächer aufziehe, dann liegt meine ganze Vergangenheit bis zum gestrigen Tag offen da. Hier liegen alle meine schönen und bösen Erinnerungen, mein Kummer und mein Glück, meine »Stunden« greif- und sichtbar vor mir. Ich will nicht aufzählen, was sich da alles angesammelt hat, ich möchte ebensowenig klarzumachen versuchen, wie sehr mir diese Dinge am Herzen liegen, denn für jemand anderen sind sie völlig wertlos, wirklicher Schund. Würde irgend jemand in den Besitz meiner Kommode gelangen, er würde wahrscheinlich sehr gern das Möbel behalten, aber nicht einen Augenblick zögern, den ganzen Plunder auf den Müllhaufen zu werfen.

Er würde sich lustig machen über diesen dürren Zweig, an dem die Tüllgräte eines Blattes hängt, und ihn wegwerfen, aber ich würde ihn küssen, denn er ist mir heilig. Bei seinem Anblick erlebe ich von Neuem das Glück jenes hellen Oktobertages, an dem eine zarte Liebesidylle begann. Auf unserem Spaziergang fiel dieser Zweig aus einem Baum gerade vor unsere Füße. Ich habe ihn aufgehoben und mitgenommen und als Erinnerung an jenen Tag, an dem ich mich wie ein junger Gott fühlte, in meiner Kommode geborgen. So lassen alle diese wertlosen Dinge mich etwas aus vergangenen Tagen wiederaufblühen. So liegen meine ganze Vergangenheit und meine ganze Jugend in dieser Kommode.

Es ist mir zur Gewohnheit geworden, immer, wenn die Stunde mir schön, glücklich, gemütlich oder traurig dünkte, ein Krümel davon mitzunehmen, das später die Gefühle jener Stunde in mir zu wecken vermag.

Da liegt der ganze Rummel kreuz und quer durcheinander vor mir: ein Sterbebildchen, eine Vogelfeder, eine Streichholzschachtel, ein Wollfaden, ein kurzes Seidenband.

Von allen Stunden, die irgendwie für mein junges Leben von Bedeutung waren, liegt hier ein Andenken: billige Öldrucke, ein Stück Baumrinde, Heiligenbildchen, ein wenig Spielzeug, kleine Zeichnungen, ein Büchlein mit gepreßten Blumen. Und dann sehe ich wieder die Felder, die Spaziergänge, die Marktplätze, meine ganze sorgenlose Jugend vor mir.

Hier liegen dann auch die Zeugnisse aus jener Zeit, in der die Liebe im Herzen aufblüht: Tagebücher, Liebesbriefe, ein verdorrtes Veilchen, Lichtbilder und Geschenke. Und wieder tauchen sie vor mir auf, die sanften Augen, der lachende Mund … der ganze Traum der Jugend, wenn das Herz im Überschwang emporstrebt zu den Wolken und Luftschlösser baut für die Geliebte. Hier liegen sie nun, fahl und verschlossen, diese teuren Zeugnisse, aber wo sonst die schönen Stunden und herrlichen Augenblicke, an denen mitunter eine Träne perlt, für immer vergessen oder im Schmelztiegel neuer Eindrücke und Gefühle untergegangen wären, halte ich sie nun fest und brauche nur ein Schubfach zu öffnen, um die Seligkeit jener berauschenden Zeiten von neuem zu empfinden. Und das ist doch wohl ein großes Glück im Leben eines Menschen!

VI
Von der Stille und der Einsamkeit

Wir leben in einer Welt der lauten Töne, der aufdringlichen Worte, des anbrandenden Lärms, des unüberhörbaren Marktgeschreis, wer sich bemerkbar machen will, muss lauter sein als seine Konkurrenten. Das führt dazu, die Hektik und Unruhe als das Normale und Übliche hinzunehmen.

Dazu kommt, dass die Worte unserer Alltagssprache ihre Bedeutung verändern, seit sie zu einem Vehikel der Werbung gemacht worden sind. Sie bekommen eine raffinierte Nebenbedeutung, verbinden sich mit einem Produkt, für das Reklame gemacht wird. Jetzt nisten sie sich in mir ein, summen eine dumme, aber suggestive Melodie und lassen sich nur schwer vertreiben.

Was können wir dagegen tun? Es hat ja keinen Sinn, gegen den Lärm anzuschreien, damit vermehren wir nur noch das allgemeine Geschrei. Also müssen wir den Versuch machen, der Welt des Lärms eine Welt des Schweigens entgegenzusetzen. Das ist deshalb so schwer, weil das Getöse nicht nur »da draußen« ist, sondern längst in uns eingedrungen ist. Auch wenn wir die Unruhe der Städte verlassen, tragen wir die Unruhe in uns mit. Manche bekommen geradezu Entzugserscheinungen, wenn ihnen die gewohnte Lärmkulisse entzogen wird. Dann muss eilig die Stille vertrieben werden, damit das gewohnte Milieu wieder hergestellt ist.

Stille ist etwas Einfaches. Stille ist der Hintergrund der Dinge, der Untergrund des Seins. Aus dem Schweigen heraus kommt das Wort, kommt der Klang. Christine Lavant nennt die Stille den »Mutterort der Verwirklichung«.

Weil wir so kompliziert geworden sind und das Einfache als das Primitive ansehen, deshalb meinen wir, die Stille sei eine Leere, die endlich wieder mit etwas angefüllt werden müsse. Wir müssen es erst wieder lernen, die Stille auszuhalten und das Schweigen auszukosten. Erst wenn wir uns allmählich in eine stille Umgebung eingewöhnt haben, merken wir, dass es die absolute Stille gar nicht gibt. Alles in unserer Welt hat auch eine Stimme, aber diese Stimmen sind oft sehr unaufdringlich. Wir müssen schon sehr genau hinhorchen, um auch die Melodie des Windhauchs wahrzunehmen, das Getuschel der Blätter, das feine Sirren der Gräser. Das scheinbar so Einfache differenziert sich und zeigt uns seinen geheimen Reichtum. Wenn sich das Ohr nicht mehr gegen das laute Getöse zur Wehr setzen muss, kann es auch die Nuancen der Grundmelodie der Natur vernehmen.

Wer in die Einsamkeit hineingeworfen wird, der hat es zunächst einmal mit sich selbst zu tun. Das ist etwas, was viele Menschen nur schwer aushalten, womit sie nicht umgehen können. »Das macht uns arm bei allem Reichtum, dass wir nicht allein sein können«, heißt es in Hölderlins Hyperion. Erst wenn wir eine Zeit lang diesen Zustand durchgehalten haben, mag uns aufgehen, dass dieses Einsamsein auch als ein Glück erlebt werden kann. Ich brauche mir nicht mehr davonzulaufen, kann geruhsam mit mir selbst sprechen und ganz neue Schichten und Dimensionen in mir kennenlernen, die ich im bisherigen Leben noch gar nicht beobachtet habe.

Es mag sein, dass mit der Einsamkeit auch eine gewisse Melancholie verbunden ist, eine stille Traurigkeit: Die Welt und das Leben werden nüchterner betrachtet, für Illusionen ist kein Platz mehr. Aber dafür kann eine neue Gelassenheit gewonnen werden. Die Distanz zu den aufgeregten Tagesproblemen lässt uns erkennen, wie vordergründig die Beunruhigungen waren, die uns bewegt und Sorge bereitet haben.

Es gibt auch eine »böse Einsamkeit«: die Vereinsamung. Der Vereinsamte möchte am vollen gemeinschaftlichen Leben teilhaben, aber aus Veranlagung oder Schicksal gelingt ihm der Brückenschlag zum anderen nicht. Allmählich kommt er sich wie einer vor, der auf eine einsame Insel verschlagen wurde und bei den übrigen Menschen schließlich in Vergessenheit geriet. Enttäuschungen können uns ja hart machen: Wir fühlen uns unverstanden und sind auch nicht mehr bereit, andere zu verstehen. Verbitterung macht sich breit. Der Rückzug auf die eigene kleine Welt ist dann nicht Ausdruck der Lebensweisheit, sondern der Resignation. Die geistigen Türen schließen sich, die Lebensfunktionen erstarren, alles trocknet aus. Schließlich kann sich ein Lebensekel ausbreiten, der bis zum Hass gesteigert wird: Keinem wird etwas gegönnt, weil alles sowieso sinnlos ist.

Heilsam und erfreuend kann die Einsamkeit nur für den werden, der sie nicht als schwer erträgliches Schicksal ansieht, sondern sie als Geschenk dankbar annimmt.

Montaigne weist auf eine wichtige Voraussetzung einer »guten Einsamkeit« hin: Wir dürfen nicht allzu viele von den bisherigen Eigenschaften mitnehmen.

Wer noch zu viel Ehrgeiz in seinem Gepäck hat, Habgier und andere Begierden, wer unentschlossen und ängstlich ist, der braucht sich nicht zu wundern, wenn ihm die Einsamkeit nichts einbringt. »Es reicht nicht, den Ort zu wechseln, man muss den Pöbel in sich selbst loswerden; man muss sich von sich selbst trennen, um sich wiederzugewinnen.« Montaigne vermutet, dass wir den ganzen Ballast eigentlich gar nicht loswerden wollen: »Wir drehen uns noch um nach dem, was wir zurücklassen, wir haben den Kopf noch voll davon.« Die Chance liegt nicht in einem Ortswechsel, sondern einzig darin, seine Seele zurückzuholen und sie in sich selbst zurückzuführen. Übrigens nimmt Montaigne an, dass man diese Form der Einsamkeit auch inmitten vieler Menschen üben könne. »Das ist die wahre Einsamkeit, die man inmitten der großen Städte und der Königshöfe genießen kann.«

Nur wenigen Menschen ist es gegeben, als Einsiedler zu leben – und trotzdem innerlich reich zu sein und einen immerwährenden Dialog mit dem Schöpfer zu führen. Aber wir haben Zeiten der Stille und Einkehr nötig, wo nicht das Gerede triumphiert, sondern das Schweigen herrscht, wo wir uns nicht ausgeben, sondern sammeln. Erst dadurch wird uns vielleicht auch die Verbundenheit wirklich bewusst mit allem, was lebt. Wir sollen uns nicht selbst bestarren und nur um das eigene Ich kreisen, sondern gerade die dynamische Mitte in uns selbst finden, die uns die Kraft schenkt, den eigenen Weg weiterzugehen – ohne Anpassungszwänge, aber auch ohne krampfhafte Distanzierung.

Das Schweigen ist das große Reservoir für unser Dasein, auch für unsere Sprache. Wenn die Sprache verbraucht ist und die Worte ins beliebige abgetrieben sind, muss eine Schweigephase die Chance heraufführen, dass sich die Sprache regeneriert. Das Schweigen ist wie ein beruhigender und heilender Schlaf, aus dem wir dann mit frischen Kräften erwachen. Was im Schweigen ruht, hat Zeit, es drängt nicht gewaltsam nach oben. Nicht alles Sagbare muss ausgesprochen werden. Zwischen den ausgesprochenen Worten muss noch Platz sein, es müssen sich noch Zwischenräume finden lassen, die Raum lassen für Bilder und Gedanken, für all das, was nicht in die ausdrücklichen Begriffe und Sprachformeln hineinpasst. Nach einer Abstinenzzeit des Sprechens können vielleicht auch wieder neue Worte gefunden werden. Und vor allem wird das Ohr bereitet für eine bisher ungewohnte Rede.

»Wo hört man Gottes Wort? Es tönt Halt gar zu fein;
Du musst, ums zu verstehn, still in dir selber sein«,

so hat es Edgar Dacqué ausgedrückt. – Der Lärm, den wir verbreiten, ist vielleicht ein Ablenkungsmanöver, damit wir nicht genötigt sind, auf solche Worte hinzuhorchen, die uns unter die Haut gehen und zu einer gewandelten Einstellung zum Dasein führen würden.

Aufwachen zum Leben

Henry David Thoreau

Jeder Morgen war eine frohe Aufforderung, mein Leben so einfach und, ich darf sagen, so unschuldig zu gestalten wie die Natur selbst. Ich war ein so aufrichtiger Verehrer der Aurora wie die Griechen. Früh stand ich auf und badete im Teich; das war eine religiöse Übung, eine der besten Handlungen, welche ich beging. Es heißt, dass auf der Badewanne des Königs Tsching Tschang Zeichen eingegraben waren, welche bedeuteten: »Erneuere dich selbst jeden Tag; ich tue es wieder und wieder und in Ewigkeit wieder.« Das kann ich verstehen. Der Morgen bringt uns das heroische Zeitalter zurück ... Der Morgen, die wunderbarste Zeit des Tages, ist die Stunde des Erwachens. Jetzt ist am wenigsten Schlafsucht in uns, und eine Stunde lang wenigstens sind Kräfte in uns wach, die den ganzen übrigen Tag und die Nacht im Schlummer liegen ... Der Mensch, der nicht glaubt, dass jeder Morgen eine frühere, heiligere, heller im Morgenrot leuchtende Stunde umschließe als alle, die er bis jetzt entweiht hat, der verzweifelt am Leben und geht auf dunklen Pfaden abwärts. Nach einem teilweisen Stillstand seines Sinnenlebens fühlt sich die Seele des Menschen (oder vielmehr fühlen sich die Organe der Seele) täglich neu gekräftigt, und sein Genius versucht aufs Neue, das Leben edel zu gestalten. Alle denkbaren Ereignisse, möchte ich sagen, werden in Morgenstunden, in Morgenluft geboren ... Für den, dessen elastische, rüstige Gedanken mit der Sonne Schritt halten, ist der Tag ein beständiger Morgen. Es kommt nicht darauf an, was die Uhr oder das Tun und Treiben der Menschen sagt. Morgen ist, wenn ich aufwache und der Tag in mir emporsteigt. Die Bemühung, den Schlaf abzuwerfen, ist moralische Reform ... Wachsein heißt leben. Noch nie habe ich einen Menschen getroffen, der ganz wach gewesen wäre. Wie hätte ich ihm ins Angesicht sehen können! ...

Ich zog in den Wald, weil ich den Wunsch hatte, mit Überlegung zu leben, dem eigentlichen, wirklichen Leben näher zu treten, ob ich nicht lernen konnte, was es zu lehren hatte, damit ich nicht, wenn es zum Sterben ginge, einsehen müsste, dass ich nicht gelebt hatte. Ich wollte nicht *das* leben, was nicht Leben war; das Leben ist so kostbar. Auch wollte ich keine Entsagung üben, außer es wurde unumgänglich notwendig. Ich wollte tief leben, alles Mark des Lebens aussaugen, so hart und spartanisch leben, dass alles, was nicht Leben war, in die Flucht geschlagen wurde.

Unser Leben zersplittert sich in Kleinigkeiten … Einfachheit, Einfachheit, Einfachheit! Lass deine Geschäfte zwei oder drei sein, und nicht hundert oder tausend; statt eine Million zu zählen, zähle ein halbes Dutzend und führe Buch auf deinem Daumennagel! … Es wird zu schnell gelebt … Wir fahren nicht auf der Eisenbahn, sondern sie fährt auf uns … Warum sollen wir in solcher Eile, solcher Lebensverschwendung leben?

»Kieou-he-yu (Großstatthalter des Staates Wei) schickte einen Mann zu Khoung-tseu, um von ihm Nachricht zu erhalten. Khoung-tseu ließ den Boten neben sich niedersetzen und fragte ihn: ›Was treibt dein Herr?‹ Der Bote antwortete ehrfurchtsvoll: ›Mein Herr wünscht die Zahl seiner Fehler zu verringern, aber er kommt damit nicht zu Ende.‹ Als der Bote fort war, sprach der Philosoph: ›Welch tüchtiger Bote, welch tüchtiger Bote!‹«

Die Kinder, die das Leben *spielen,* erfassen seine wahren Gesetze und Beziehungen richtiger als die Erwachsenen, die nicht fertig bringen, es würdig zu leben …

Die Menschen achten die Wahrheit, wenn sie in weiter Ferne ist, in den Vorstädten des Weltsystems, hinter dem fernsten Stern, vor Adam und nach dem letzten Menschen.

In der Ewigkeit ist fürwahr etwas Wahres und Erhabenes. Aber alle diese Zeiten, Orte und Gelegenheiten sind jetzt und hier. Gott selbst kulminiert im gegenwärtigen Augenblick und wird nicht göttlicher sein im Verlaufe aller Äonen ...

Lasst uns unsern Tag mit so viel Überlegung verleben wie die Natur und uns nicht von jeder Nussschale, jedem Moskitoflügel, der auf unsern Pfad fällt, davon abbringen. Lasst uns früh aufstehen und fasten oder die Fasten brechen und frühstücken, ruhig und ohne Hast; lasst Besuch kommen, lasst Besuch gehen, die Glocken läuten und die Kinder schreien – wir wollen uns unseres Tages freuen ... Wir wollen unsere Füße wetzen und reiben, bis wir auf harten Boden und Felsen an einen Ort gelangen, den wir Wirklichkeit nennen und von dem wir sagen können: »Das ist, das *ist* kein Irrtum.«

VII
Musik macht die Türen der Seele auf

Wenn wir andere Menschen nach ihren ganz großen Erlebnissen fragen, nach den Überfällen von Glück und Beseligung, dann fangen viele zu erzählen an, was sie in den Sternstunden eines Meisterkonzertes erfuhren. Es wäre sicher falsch, solche Ereignisse, die sich tief einprägen und unvergesslich bleiben, einfach nur als ästhetische Begebenheiten einzustufen, als einen Kunstgenuss, der sich über andere wichtige Eindrücke erhob. Die Musik scheint uns tiefer zu bewegen und die Mitte unserer Existenz zu treffen, wenn »die rechte Stunde« da ist, wir also dafür eine innere Bereitschaft aufbringen, vielleicht ohne es recht zu wissen.

Paul Claudel berichtet, dass er als Achtzehnjähriger in Paris zur Vesper des Weihnachtsfestes nach Notre-Dame ging, ein junger Skeptiker und Agnostiker, nicht aus religiöser Sehnsucht, sondern aus Langeweile. »Die Knaben der Singschule in weißen Gewändern sangen gerade das ›Magnificat‹. Ich selbst stand in der Menge in der Nähe des zweiten Pfeilers am Choranfang, rechts auf der Seite der Sakristei. Da nun vollzog sich das Ereignis, das für mein ganzes Leben bestimmend sein sollte. In einem Nu wurde mein Herz ergriffen, ich glaubte. Ich glaubte mit einer so mächtigen inneren Zustimmung; mein ganzes Sein wurde geradezu gewaltsam emporgerissen; ich glaubte mit einer so starken Überzeugung, mit solch unbeschreiblicher Gewissheit, dass keinerlei Zweifel auch nur für den leisesten Zweifel offen blieb.«

Kein Mensch kann sagen, was sich hier wirklich ereignet hat: keiner hat das Recht, zu deuten und zu erklären. Aber es ist sicher kein Zufall, dass sich diese Wende gerade ereignete, als Claudel das Magnificat hörte, als er von einem Gesang getroffen wurde, den er nicht kannte und der sich so tief in ihn senkte, dass er eine neue Lebensphase eröffnete.

Julien Green notierte sich am 21. Oktober 1941 folgende Begebenheit ins Tagebuch: »Beim Kyrie der h-Moll-Messe erinnerte ich mich des Tages, es war im Jahre 1921, da ich zum ersten Mal eine Bach-Arie spielen hörte. Spielen ist nicht ganz das richtige Wort. Ein Musikprofessor hatte sich ans Klavier gesetzt, um uns Bach zu erläutern und mit einer Hand die ersten Takte eben dieses Kyrie angedeutet. Wie ich so dieser Phrase lauschte, die doch jeglicher Harmonisierung entbehrte, glaubte ich, eine unbekannte Welt zu entdecken. Nie hatte ich dergleichen noch gehört, nichts, was mich schöner dünkte als die fünfzehn oder zwanzig Töne, die in der Stille erblühten. Ich musste daran denken, wie in ungewissem Lichte unabsehbar viele Menschen schritten, eine demutvolle, schmerzgeplagte Menschheit auf der Suche nach dem Weg durch weites, dunkles Land. Es war, als hätte sich mir die Musik mit einem Schlag offenbart.«

Offensichtlich gibt es manchmal Erkenntnisvorgänge, die uns blitzhaft überfallen; eine Tür geht auf, Licht fällt ein, ein Zusammenhang wird erkennbar, eine »Sinnspur« kann eingesehen werden. Aber solche plötzlichen Überfälle können nicht inszeniert werden; wenn sie eintreten, müssen wir uns ganz davon durchdringen lassen. Und es ist eben vor allem die Musik, die solche Vorgänge ermöglicht; sie überspringt die Barrikaden, die selbsterbauten Schutzwälle, mit denen sich einer absichern wollte gegen jegliche Störung und Beunruhigung. Mancher, der schon beinahe erstorben war für jede Gefühlsregung, wird dann doch wieder ins Mark getroffen und muss seine Selbsteinschätzung revidieren. So lässt Hermann Hesse seinen »Steppenwolf« sich erinnern: »Es gab zuweilen, selten, Stunden, die brachten Erschütterungen, brachten Geschenke, rissen Wände ein und brachten mich Verirrten wieder zurück ans lebendige Herz der Welt. Traurig und doch zuinnerst angeregt, suchte ich mich des letzten Erlebnisses dieser Art zu erinnern. Es war bei einem Konzert gewesen, eine herrliche alte Musik wurde gespielt, da war zwischen zwei Takten eines von Holzbläsern gespielten Pianos mir plötzlich wieder die Tür zum Jenseits aufgegangen, ich hatte Himmel durchflogen und Gott an der Arbeit gesehen, hatte selige Schmerzen gelitten und mich gegen nichts mehr in der Welt gewehrt, mich vor nichts mehr in der Welt gefürchtet, hatte alles bejaht, hatte an alles mein Herz hingegeben.«

Musik ist also mehr als eine freundliche Zutat zu unserer Welt, ein Ausgleich für manche Schatten, die auf der Schöpfung liegen. Musik gehört, jedenfalls in ihren besonders gelungenen, kostbaren Werken, zu den wenigen Phänomenen im Bereich unserer Erfahrung, wo wir mit »Vollkommenheit« konfrontiert werden, wo uns ein »absoluter Anspruch« erreicht und wir deshalb eigentlich sprachlos werden. Wie soll man denn etwas, was unsere Sphäre des Bruchstückhaften und Unstimmigen so unbegreiflich übersteigt, noch beschreiben und bewerten können? Geht es uns nicht manchmal so, dass wir bei einer musikalischen Linie eines Mozartschen Streichquartetts oder auch der Entfaltung eines Vokalsatzes von Monteverdi den Eindruck haben, wir würden von einer überweltlichen Bewegung angeweht, als würde die Harmonie der Sphären hier musikalische Gestalt gewinnen?

Musik bringt uns nicht in erster Linie zu einem intellektuellen Erfassen kompositorischer Gesetze, sondern nimmt uns mit ihrer Bewegung in Zonen hinein, die uns sonst unerreichbar blieben. Wahrscheinlich kann man die Wirkung der Musik am ehesten mit der verwandelnden Kraft der Liebe vergleichen, sodass es nicht verwundert, dass schon Plato gesagt hat: »Alle Musik muss in der Liebe endigen, in der Liebe zum Schönen.« Und Shakespeare erkannte: »Musik ist der Liebe Nahrung.«

Erstaunlicherweise hat Sophie Scholl (hingerichtet im Jahre 1943) als zwanzigjährige Studentin schon ganz tief die heilsam-heilende Wirkung der Musik erfahren, wenn sie sich die Sätze notierte: »Musik macht das Herz weich, sie ordnet seine Verworrenheit, löst seine Verkrampftheit und schafft so eine Voraussetzung für das Wirken des Geistes in der Seele, der vorher an ihren hart verschlossenen Pforten vergeblich geklopft hat. Ja, ganz still und ohne Gewalt macht die Musik die Türen der Seele auf.« Hier ist der Ansatz der Musiktherapie scharfsinnig vorweggenommen: Verkrampfungen können sich lösen, Türen öffnen sich, ein Mensch wird ansprechbar, bekommt eine innere Beweglichkeit: Der Geist kann an ihm zu wirken beginnen. Einige Monate später schrieb Sophie Scholl an Otl Aicher, ein Mitglied des Freundeskreises der »Weißen Rose«, weitere Erfahrungen mit der Musik: »Ich habe diesen Sommer die Brandenburgischen Konzerte von Bach gehört … Diese Musik, die ich da gehört habe, macht nicht reich, wie etwa die eines Beethoven, der einen umwühlt und durchpflügt und einen zurücklässt wie einen umgeackerten Boden, nein, jene Musik ist nicht wie ein Pflug, sondern beinahe schon Samenkorn, denn in ihr ahnt man etwas von einer kristallenen Klarheit, von einer unumstößlichen Ordnung.«

Musik führt also, manchmal, in unbekannte Dimensionen ein, sie lässt eine größere Ordnung erfahren, sodass Wandlungen des Geistes möglich sind: Das Ohr wird zum entscheidenden Einfallstor für heilsame Kräfte. Was kann man Größeres von der Musik sagen?

Eine andere große Frau unseres Jahrhunderts hat ebenfalls die geistlich-therapeutische Wirkung der Musik am eigenen Leibe erfahren: Simone Weil. In einem Brief an Pater Perrin schrieb sie: »Im Jahre 1938 verbrachte ich zehn Tage in Solesmes, von Palmsonntag bis Osterdienstag, und wohnte allen Gottesdiensten bei. Ich hatte bohrende Kopfschmerzen, jeder Ton schmerzte mich wie ein Schlag; und da erlaubte mir eine äußerste Anstrengung der Aufmerksamkeit, aus diesem elenden Fleisch herauszutreten, es in seinen Winkel hingekauert allein leiden zu lassen und in der unerhörten Schönheit der Gesänge und Worte eine reine und vollkommene Freude zu finden.« Simone Weil war der Überzeugung, dass das Getroffenwerden vom Schönen sakramentalen Charakter habe, dass die Schönheit am ehesten etwas von der Gegenwart Gottes in seiner Schöpfung ahnen lassen könnte. Und die Musik wiederum macht uns das Schöne besonders lauter zugänglich: »Hört man eine Musik von Bach oder einen gregorianischen Choral, so schweigen alle Fähigkeiten der Seele und recken sich aus, dieses vollkommen Schöne zu erfassen.«

Das Öffnen des inneren Ohres liegt nicht in unserer Macht, ist dem Willen nicht untertan, aber in das rechte Horchen einüben, das können wir. Es ist ein Geschehen der Gnade, wenn uns neue Tiefen und Höhen erschlossen werden.

Rumi, der große persische Dichter und Mystiker, sagte einmal: »Die Musik ist das Knarren der Pforten des Paradieses.« Einer seiner Zuhörer ärgerte sich über diesen Ausspruch und warf die Bemerkung ein: »Das Knarren von Pforten gefällt mir nicht.« Da antwortete ihm Rumi: »Das wundert mich nicht: ich höre nämlich das Knarren der Paradiespforte, die sich öffnet, du aber das Knarren der Pforte, die sich schließt.«

Der himmlischen Harmonie zugeordnet

Hildegard von Bingen

Damit die Menschen zum Gotteslob angeregt würden, verfassten die Propheten nicht nur Psalmen und Lieder, um die Andacht der Zuhörer zu entflammen, sondern sie erfanden auch verschiedene Musikinstrumente zu klangvoller Begleitung … In Nachahmung der Propheten haben eifrige und weise Männer durch ihre Kunstfertigkeit vielerlei Musikinstrumente erfunden, um in Herzensfreude singen zu können … Auf Gottes Eingebung hin begann der Mensch zu singen und sah sich eingeladen, an die lieblichen Gesänge des himmlischen Vaterlandes zu denken …

Das Singen in der Kirche als Widerhall der himmlischen Harmonie hat seine Wurzeln vom Heiligen Geist. Darum muss der Leib seine Stimme im Einklang mit der Seele zum Gotteslob erheben. So befiehlt der Geist des Propheten: Gott soll mit schallenden Zimbeln gelobt werden, mit Zimbeln hellen Jubels und mit den übrigen Musikinstrumenten, die kluge und fleißige Leute hergestellt haben. Denn alle Künste, die dem Nutzen und der Notwendigkeit der Menschen dienen, sind von dem Hauch ersonnen, den Gott in den Leib des Menschen gesandt hat. Und darum ist es gerecht, dass Gott in allem gelobt werde.

Beim Hören eines Liedes pflegt der Mensch manchmal tief zu atmen und zu seufzen. Das erinnert den Propheten daran, dass die Seele der himmlischen Harmonie entstammt. Im Gedanken daran wird er sich bewusst, dass die Seele selbst etwas von dieser Musik in sich hat und fordert sie im Psalm auf: Lobet den Herrn mit Zitherspiel und psalliert Ihm mit der zehnsaitigen Harfe.

VIII
Einübung
in eine
weltzugewandte
Meditation

Das Mittelalter kennt eine merkwürdige legendarische Geschichte. Ein Mönch des Klosters Heisterbach verlässt am frühen Morgen den Klostergarten, um in dem benachbarten Wald spazieren zu gehen. Sinnend und seiner Betrachtung hingegeben, hört er – zunächst aus der Ferne, dann immer näher – einen wundersamen Vogelgesang, der so schön ist, wie er ihn nie bisher gehört hat. Er ist ganz diesem unvergleichbaren Gesang hingegeben, bis schließlich der Vogel aufhört mit seinem süßen Getön. Der Mönch kehrt wieder zum Kloster zurück und klopft an die Pforte. Aber er kennt – zu seinem eigenen Staunen – den Pförtner nicht und wird auch nicht erkannt. Keiner aus dem ganzen Konvent hat ihn jemals gesehen, auch der Abt schüttelt nur den Kopf. Dann wird der Chronist gerufen, er findet in den Annalen des Klosters einen Eintrag, dass vor hundert Jahren ein Mönch plötzlich verschwunden und niemals wieder aufgetaucht sei.

Diese Geschichte ist bemerkenswert, weil sie uns einen Eindruck gibt von der Kraft und Wirkung der Meditation. Der Mönch ist sinnend und horchend »aus der Zeit« geraten, das übliche Nacheinander des Zeitflusses hat plötzlich keinen Einfluss mehr auf ihn gehabt. Wie lange verharrte der Mönch in diesem »nunc stans«, in dem »stehenden Jetzt«? Das lässt sich nicht ermessen, die Legende berichtet von hundert Jahren, aber wichtig ist gerade, dass man eine solche Erfahrung zeitlich nicht bestimmen kann. Was bisher bestimmend war, klares Denken, Distanz zu den Dingen, logische Sachlichkeit, das spielte keine Rolle mehr. Es gibt eine solche »Dichte« der Wirklichkeitserfahrung, ein »Vollwerden« des Geschehens, eine Aufgipfelung des Erlebens, dass Zeit und Zeitfluss keine Rolle mehr spielen.

Es ist bemerkenswert, dass der Mönch von Heisterbach offensichtlich nichts von seinen Erfahrungen mitgeteilt hat. Die Legende spricht nur von dem Gesang des Vogels. Das ist auch genug, denn alles, was über ein solches Geschehen berichtet wird, bleibt ein schwer verständliches Gestammel, das sich kaum innerlich mitteilt, auf das nur aufmerksam gemacht werden kann.

Die kleine Geschichte vom Mönch von Heisterbach soll auch gleich zu Beginn unserer Überlegungen deutlich machen, dass Meditation nicht eine charakteristische Frömmigkeitsübung des asiatischen Südens und Ostens ist, die durch die Begegnung mit fremden Religionen auch in den europäischen und christlich geprägten Westen gekommen ist. Meditative Elemente und Ausdrucksformen haben immer auch zur christlichen Frömmigkeit gehört, wenn ihr auch nicht immer die gleiche Aufmerksamkeit zuteil geworden ist.

Was meinen wir eigentlich, wenn wir von Meditation sprechen? Es geht um eine Form der »Besinnung«, die freilich ganz unterschiedliche Intensitätsgrade erreichen kann. Unser unruhiger und zum »Springen« neigender Geist soll sich »sammeln«, er soll sich einer »Übung« unterziehen, einem Exercitium. Und weil wir die Neigung haben, an der Peripherie hängen zu bleiben, an den bunten Äußerlichkeiten, werden wir angeregt, die Fassaden zu durchdringen und zu unseren tieferen Schichten, zum eigenen Zentrum zu gelangen, man spricht deshalb auch von »Konzentration«. Schließlich sind wir normalerweise so sehr von Geräuschen und einer Vielfalt von Lauten, von Musik, von Lärm umgeben, dass jede meditative Übung sich um Ruhe, um Schweigen und innere Stille mühen muss. Dabei geht es natürlich nicht nur um äußere Bedingungen, sondern um eine Beruhigung aus der eigenen Tiefe.

Nun könnte man meinen, Meditation wolle den Menschen nur mit sich selbst konfrontieren, er solle seine Oberflächenexistenz aufgeben, um sich aus seiner eigenen Tiefe zu begreifen und zu verwirklichen. Das stimmt nur zum Teil. Der Meditierende nimmt auch etwas nach innen, er öffnet sich etwa für biblische Worte. Das hebräische Wort »haga« meint zunächst einmal das halblaute Lesen oder

Murmeln von Psalmversen. Hier finden wir tatsächlich eine gewisse Parallele zu bestimmten Formen hinduistischer Meditation, bei der das »Mantra«, der geheime Spruch, der Wortklang einer Überlieferung, nach innen genommen wird.

Auch die christliche Meditation kennt also das »murmelnde Meditieren«, das leise Vor-sich-Hinsprechen von biblischen Worten oder einem Gebetstext. Dabei geht es nicht um ein formales Wortemachen, ein – möglicherweise noch magisch verstandenes – Geplapper, sondern um einen »Innerungsvorgang«. »Meditieren ist den Meistern der Meditation ein ›Verdauen‹ der überdachten Inhalte, ein ›Wiederkäuen‹, ›Zerkauen‹, ›Draufbeißen‹ …, ein ›Saugen wie die Bienen‹, ein ›Schmecken‹ der Vorstellungen … Meditieren heißt … einen Inhalt so in sich aufnehmen, dass er als Leben in den organischen, unbewussten Seelenprozess der Seele eingeht«, heißt es bei Alfons Rosenberg (Christliche Bildmeditation, München 1975, S. 18). Auch Martin Luther partizipiert noch bei den Meistern der Schriftmeditation, wenn er rät: »Eine Stelle aus der Heiligen Schrift im Gedächtnis zu Bette mit dir nehmen, womit du wiederkäuend wie ein reines Tier sanft einschlafen magst.«

Die christliche Tradition meditativen Tuns ist selbstverständlich keine wertneutrale »Technik«, sondern eine Übung des Glaubens. Sie will dem Gläubigen helfen, seinen Glauben mit seiner ganzen Existenz zu verbinden, mit seinem leiblichen Dasein in eins zu setzen. Betont wird vor allem der Übungscharakter (die regelmäßige Wiederholung ist ein ganz wesentlicher Faktor).

Aber jede Meditation hat eine wesentliche Voraussetzung, ohne die sie gar keinen Sinn haben kann: Der Mensch hat einen Innenraum, eine Tiefendimension, die geweckt und durchlebt werden kann. Die Mystiker sprechen von der »Seelenburg« (castellum in anima), von der »Seelenstadt« oder vom ›Tempel in der Seele«. Diese Bildaussagen sollen andeuten, dass der Mensch nicht aus sich heraustreten muss, um Gott zu begegnen, sondern dass er in seinem eigenen Innern einen Raum hat, der zum Ankunftsort und zur Wohnung Gottes werden kann. Teresa von Avila umschreibt in ihrem Buch »Las Moradas« (Die Seelenburg/Die innere Burg) diese Wohnungen der Seele so: »Ihr dürft euch nicht vorstellen, dass diese Wohnungen wie aufgereiht eine hinter der anderen liegen. Richtet vielmehr eure Augen auf die Mitte, die das Gemach und der Palast ist, wo der König weilt, und stellt euch die Burg vor wie eine Zwergpalme, bei der viele Hüllen das köstliche Herzblatt umschließen. So liegen dort rings um diesen Raum viele andere Gemächer, und ebenso darüber. Denn die Dinge der Seele muss man sich immer in Fülle und Weite und Größe denken.«

Mit erstaunlich klarsichtiger Genauigkeit beschreibt Teresa die Weite und Tiefe des seelischen Innenraumes: »Sehr wichtig für jede Seele, die sich dem Gebet widmet, ist es, dass man sie nicht in einen Winkel pfercht oder einengt. Man lasse sie durch alle diese Wohnungen wandeln, aufwärts und abwärts und nach den Seiten hin; denn Gott hat ihr eine so große Würde verliehen.«

In einer ähnlichen Metapher hat Carl Gustav Jung einmal die menschliche Seele mit einem Gebäude verglichen, dessen obere Stockwerke aus dem neunzehnten und zwanzigsten Jahrhundert stammen: Es ist das Bewusstsein. Das Erdgeschoss stammt aus dem sechzehnten Jahrhundert; es ist aber ein umgebauter Wohnturm des elften Jahrhunderts. Im Keller sind noch römische Grundmauern vorhanden, darunter verschüttete Höhlen, auf deren Grund noch Steinwerkzeuge und Reste der Fauna liegen. Der Gegenwartsmensch bewohnt nun fast ausschließlich die obersten Stockwerke, vielleicht erinnert er sich nur mit einer gewissen Peinlichkeit, dass es auch noch untere Stockwerke und Kellerräume gibt. Dadurch verleugnet er aber seine eigene Totalität und wird sich weder seiner Fundamente noch seiner »Gesamtkonzeption« bewusst.

Die Expedition zur Erforschung des eigenen »Hauses« bedarf des Mutes, weil befremdliche Orte entdeckt werden, voller Dunkel und angefüllt mit unheimlichem Inventar. Aber die Entdeckungsfahrt ist auch beglückend, weil unser Leben reicher wird, vielgestaltiger und umfassender. Die neuen Räume müssen durchlebt, die dunklen Bereiche angeeignet und akzeptiert werden, damit sie aus der Unvertrautheit zur Vertrautheit kommen. Aber wir sollen uns auch nicht unbedacht in die Kellerräume begeben, weil die Faszinationskraft des Dunkels uns so anziehen kann, dass wir dort gleichsam »verschluckt« werden. Es ist gut, dass wir die oberen Stockwerke haben, von dort aus unsere Unternehmungen starten, aber auch dorthin wieder zurückkehren können. Aber es gilt zu bedenken: Es handelt sich um *ein* Haus, auch wenn es dort unterschiedliche Bereiche gibt, strahlend helle und geordnete, aber auch verwirrende Labyrinthe und ruinenhafte Gemäuer.

C. G. Jung ging es darum, den Menschen vertraut zu machen mit der Gefahr der Verkümmerung. Schon wenn er auf seine Träume achtet, wird er auf erstaunliche Bereiche aufmerksam, die zu seiner gesamten Wirklichkeit gehören. Jeder von uns ist größer angelegt und weiträumiger dimensioniert, als er das selbst für möglich halten wird. Deshalb soll er nicht bei einer Kümmerform seiner selbst bleiben, sondern mehr Schichten im eigenen Innern zu durchdringen suchen und in seine eigene Personalität einbeziehen.

Der Mystiker wird auch dafür Sorge tragen, sich nicht immer »in einem einzigen Gemach« seiner Seele aufzuhalten, sondern die ganze Seelenburg zu durchleben. Aber das hat keinen Selbstzweck, sondern hat seine Zielsetzung darin, sich für den Einzug des Königs zu bereiten. Gott will den Palast der Seele bewohnen, er will den Paradiesgarten durchwandern. – Für C. G. Jung ist deshalb Traumarbeit und aktive Imagination der Weg, sich seiner Ganzheit anzunähern. Der Mystiker kommt durch Meditation seiner Zielgestalt näher: der Einswerdung mit Gott.

Nun sind wir keine Mystiker, und unsere Lebensform ist nicht die eines Mönches oder einer Ordensfrau. Wir leben in der Welt und fragen nach meditativen Zugängen in unserer Alltagswelt. Aber auch hier finden wir wieder eine auffällige Parallele zwischen mystischer Tiefensicht und der Einsicht moderner Psychologie. Schon Goethe hat in seiner Farbenlehre eine wichtige Beobachtung gemacht: »Im Auge wohnt ein ruhendes Licht, das bei der mindesten Veranlassung von innen oder von außen erregt wird. Wir können in der Finsternis durch Forderungen der Einbildungskraft uns die hellsten Bilder hervorrufen. Im Traume erscheinen uns die Gegenstände wie am vollen Tage.« Diese inneren Bilder haben aber keinen willkürlichen Charakter, sondern ermöglichen uns Erfahrungen, die für unsere Gesamtentwicklung notwendig sind.

Mit der Außenerfahrung müssen nämlich innere Erlebnisse korrespondieren. Die Eindrücke mit offenen Augen müssen durch die Bilderfahrungen mit geschlossenen Augen in eine Wechselwirkung gebracht werden. Die Tagwelt und die Nachtwelt, der Bereich des Gewussten und Gewollten und der Bereich des Unbewussten und Geahnten stoßen aufeinander und helfen sich gegenseitig. Ein Schlüsselbegriff Jungs ist ja bekanntlich »Archetyp«. Er versteht darunter »urtümliche Bilder«, Grundmuster des Verhaltens, die von unserem Unbewussten gleichsam »angeboten« werden, damit wir die konkreten Situationen bestehen können. Im Unbewussten ruht ein archetypisches Bilderarsenal und hilft uns bei Wachstums- und Reifungskrisen, konstruktive Lösungen zu finden. In Träumen und Wachträumen tauchen diese urtümlichen Bilder auf und geben gleichsam Impulse in die Richtung einer möglichen Entwicklung. Zusammenhänge werden hergestellt und Grundmuster der Ganzheit verdeutlicht. Kein Mensch ist ein isolierter einzelner, wir partizipieren alle an einem unterschwelligen Strom, der das »Vergangenheitsleben«, die Erfahrungen unserer Vorfahren, mit dem aktuellen »Gegenwartsleben« verknüpft.

Nun ist unsere Gegenwart einer solchen Besinnung auf die uns tragenden Urbilder nicht besonders günstig gesonnen. Wir leben in einer so permanenten Anpassung, stehen unter dem Einfluss so vieler Informations- und Ablenkungsinstrumente, dass wir es kaum noch merken, wie wenig wir den aus unserem Innern aufsteigenden Bildern Raum geben. Sterben aber die uns nährenden Wurzeln ab, ist der Zustrom von Grundkräften versiegt, dann gerät der Mensch in äußerste Gefahr. Die Überschwemmung durch oberflächliche optische Reize schottet die wirklich tragfähigen Bilder der Tiefe ab. Dazu müssen wir bedenken, dass viele wichtige Bilder durch inflationären Umgang in Werbung und Konsumreklame verbraucht sind und nicht mehr unsere Tiefen fruchtbar ansprechen können.

Imagination nennen wir die Befähigung, mit geschlossenen Augen Bilder aus dem eigenen Innern aufsteigen zu lassen. Die Welt des Banalen und Alltäglichen wird durchstoßen, und es öffnet sich die farbige und vielgestaltige Welt des Unbewussten. Es ist so ähnlich, als würden wir in ein kompliziertes Höhlensystem hinuntersteigen, mit Gängen und mächtigen Hallen, mit Stalaktiten und bizarren Steinformen. Wer hätte gedacht, dass sich unter unserer Erde eine solche eigenständige Welt auftut! – Aber die Imagination gelingt uns nicht auf Anhieb. Es mag sein, dass wir so sehr vollgepfropft sind mit äußerlichen Bildern, dass wir eine »verdorbene Bildschicht« vorfinden und den Zugang in tiefere Schichten gar nicht finden.

Umso wichtiger ist es, dass wir auch zu einer gelenkten und begleiteten Imagination kommen, damit sich unser Bewusstsein wieder mit den Formkräften des Unbewussten trifft. Bei Kindern ist das nicht schwer. Erzählen wir ihnen Märchen, dann werden ganz spontan urtümliche Bilder in ihnen heraufgerufen: der dunkle Wald mit seinen Gefahren und in seiner Undurchschaubarkeit, die Höhle, die in die Tiefe führt und geheimnisvolle Schätze birgt; der Drache, aus dessen Köpfen Feuerströme kommen, die alles versengen; der Berg, der steil herausragt und bestiegen werden soll; der verschlossene Garten, der nur durch ein Zaubermittel geöffnet werden kann, usw. – Es ist dabei ganz wichtig, den Kindern nicht die Aufgabe abzunehmen, sich all diese Bilder und Geschehnisse plastisch vorzustellen. Die Phantasie wird in eine vorgeformte Spur gedrängt, wenn wir gemalte Bilder, verfilmte Märchen, auf die Bühne gestellte, dramatisierte Mythen verwenden. Und außerdem brauchen Kinder einen nachklingenden Schwingungsraum, um die in ihnen angesprochenen und wach gerufenen Bilder ausschwingen zu lassen.

Aber auch wir Erwachsenen leben noch von Bildern. Tag, Dämmerung und Nacht, das Aufblühen der Blumen, das Treiben der Blätter im Herbst, der wilde Tanz der Schneeflocken, das Heranrauschen der Wellen am Meeresstrand, das Aufsteigen des Rauches, das Quellen eines Baches, das Lodern und Funkenstieben eines Feuers, sind das nicht Erfahrungen, denen wir uns ganz hingeben können, ohne dass wir dabei je Langeweile empfinden? – Wichtig sind diese Bildeindrücke aber auch, weil sie uns ein Symbolverständnis ermöglichen. Die Bibel erzählt uns ihre Kunde nicht in einer trocken-sachhaften Begriffssprache, sondern in Bildern, die erst erschlossen und innerlich begriffen werden müssen.

Es gibt sicher viele Möglichkeiten, mit dem Meditieren anzufangen. Eine nahe liegende und für uns realisierbare Form ist die Bildmeditation. Dabei ist es aber Voraussetzung, dass wir nicht nur das äußere Bild nach innen nehmen, sondern durch die Betrachtung eines Bildes unsere innere Bildschicht ansprechen lassen. Alfons Rosenberg spricht von »grundlegenden Zeichen«, die jede Generation wieder hervorbringe, weil sie unserem Verlangen nach Heil und Heilung entsprechen.

Ein zentrales »Zeichen« christlicher Überlieferung ist das Kreuz. Wenn wir es meditieren wollen, genügt es sicher nicht, dass wir uns vor ein Kreuzbild setzen und es betrachten. Dazu sollte kommen, dass wir uns leibhaft erinnern (das heißt: inne werden): Wir sind selbst kreuzhaft gebaut, die Kreuzgestalt ist unserem Leib konstitutiv. »Das Kreuz ist das Urzeichen nicht nur des christlichen Glaubens, sondern der Menschheit schlechthin, das Zeichen des Heils in jedem Sinn« (Alfons Rosenberg, Christliche Bildmeditation, S. 41). Und nun kann man in sich hineinspüren und den Versuch machen, dem Kreuzgeheimnis nachzusinnen: Im Kreuz queren sich die Gegensätze, das Oben und das Unten werden verbunden, die seitlichen Erstreckungen treten in Verbindung. Das Getrennte wird geeint und miteinander verbunden. Es gibt da einen Mittelpunkt, wo sich die Gegensätze versöhnen, wo das Zerrissene wieder zusammengefügt wird. Das äußere Bild wird also plötzlich zum Zeichen, in dem ich mich selbst wiedererkennen kann, das mich in meiner eigenen Zerrissenheit wieder zusammenfügt. – Die frühe Kirche kannte die Gebetsform der ausgestreckten Hände, die Orantenhaltung: Dadurch wurde der Beter selbst zu einem Kreuz. Solche Gesten und Gebetsgebärden haben eine große Tiefe, sie lassen für den, der sich mit dem Geschehen einlässt und sich mit seiner Wirkung identifiziert, auch eine Veränderung in seinem Verhalten und seinem Bewusstsein erwarten, weil das scheinbar nur »Äußere« das Innere mitprägt.

Es wäre also ein Missverständnis, wollten wir die Meditation als eine Methode verstehen, die uns von der Welt wegführt und uns selbst als Leibwesen abwertet. Sie hilft uns vielmehr, die Welt neu zu betrachten und uns selbst als Personwesen tiefer zu erfassen. Die Welt wird ja gegenwärtig sicher eher zu niedrig eingeschätzt, als wäre sie der Tummelplatz für unsere Experimente, der »Steinbruch« für unsere beliebigen Absichten. Wenn wir sie dagegen als Schöpfung begreifen, die von Gott ins Dasein gerufen wurde und mit Ehrfurcht behandelt zu werden verdient, werten wir die Welt auf.

Ein meditatives Eindringen in die uns vorgegebene Weltwirklichkeit wird versuchen, sie »diaphan« zu betrachten, sie also durchscheinend zu erleben. Ein spiritueller Meister dieser Art von Weltbetrachtung war der französische Theologe und Paläontologe Pierre Teilhard de Chardin. Er hat es gewagt, eine »Hymne auf die Materie« zu schreiben. Darin heißt es:

»Saft unserer Seelen, Hand Gottes, Fleisch Christi,
Materie, ich segne dich …
Ich grüße dich, harmonische Quelle der Seelen,
klarer Kristall, aus dem das Neue Jerusalem
gewonnen wird.
Ich grüße dich, mit schöpferischer Kraft geladenes,
göttliches Milieu, vom Geist bewegter Ozean,
von dem inkarnierten Wort gekneteter
und beseelter Ton.«

Wer so die Materie betrachtet, diesen Grundstoff des irdischen Daseins, der schaut gleichsam nach innen, er fühlt sich liebevoll in die Möglichkeiten und Potenzen ein, die mit dieser Materie – kraft ihres Schöpfungspotentials – gegeben sind. Paulus erlebte die gesamte Schöpfung als eine Frau, die in Wehen liegt (Römer 8,22). Wenn sie aber von Geburtswehen geplagt wird, dann ist auch Hoffnung, dass etwas Neues geboren wird. Die Perspektiven der paulinischen Theologie drängen auf ein Vollwerden der Zeit, weil Christus dann Himmel und Erde vereinen soll (Epheser 1,10). Frieden und Versöhnung von Himmel und Erde sollen durch ihn heraufkommen (Kolosser 1,20).

Ein so hoffnungsgetragenes Grundverständnis der Welt (als Schöpfung) haben wir also durch die Botschaft von der Inkarnation: Gott will nicht außerhalb der Welt sein, sondern in unserer Welt Gestalt gewinnen. Das ist auch die Magna Charta einer weltzugewandten Meditation. Novalis hat den kühnen Satz gewagt: »Wenn Gott Mensch werden konnte, kann er auch Stein, Pflanze, Tier und Element werden, und vielleicht gibt es auf diese Art eine fortwährende Erlösung in der Natur.« So merkwürdig dieser Satz klingt, er ist sicher in gewisser Weise die Weiterführung des Satzes aus dem Kolosserbrief, dass auf Christus hin alles erschaffen sei (Kolosser 1,16). In Christus nimmt die neue Schöpfung ihre eigentliche Gestalt an, also dürfen wir auch die Dinge mit der Liebe, die uns Christus lehrt, umfassen. Bei Alberto Savinio, einem modernen italienischen Dichter, fand ich folgenden Satz: »In Zukunft wird keiner Christ sein, der nicht auch die Tiere, die Pflanzen, die Metalle in die christliche Liebe einschließt.«

Die einfachsten Begebenheiten können zu einem meditativen Anlass werden. Nicht das Besondere und Außergewöhnliche ist das »Material« für unsere existenzielle Aufmerksamkeit, sondern das, was vor unser äußeres wie inneres Auge kommt, wenn wir uns ihnen in Muße hinwenden können. »Ein Gegenstand, ein Stein, erglüht kraft der im Menschen vorangegangenen Verwandlung jetzt erst in dem in seiner Gegenständlichkeit verborgenen Wesen« (Karlfried Graf Dürckheim).

Die Hinwendung zu den Dingen ist also der andere Pol, der zu dem Spannungsfeld unseres Daseins gehört und mit der Hinwendung zur eigenen Tiefe korrespondiert. Selbst Teresa von Avila schreibt in ihrem bereits genannten Buch »Die Seelenburg«: »Die Biene versäumt es nicht, hinauszufliegen, um den Nektar der Blüten zu sammeln ... Fliegt zuweilen aus, um die Größe und Majestät eures Gottes zu betrachten.« Mitten in der Welt bietet sich uns auch Gott in seinen Spuren und in seinen Wirkungen an. Meister Eckehart lehrt: »Der Mensch lerne, seinen Gott zu haben mitten in den Dingen.«

Aber wir wollen nicht so tun, als würde uns der Zugang zu einer meditativen Schau ohne Anstrengung und ohne persönliches Engagement in den Schoß fallen. Es ist nun einmal so: Die hektische Unruhe unserer Zeit ist ja längst in uns übergegangen, die Fähigkeit, wirklich zu verweilen, ist uns mindestens schwer geworden, wenn sie uns nicht abhanden gekommen ist. »Rationalisierung« ist ein charakteristisches Stichwort der Gegenwart: Da wir alles planen, einteilen, nach Stichhaltigkeit und Wichtigkeit taxieren und kalkulieren, ist uns die Zeit, in der »nichts« geschieht, ein verlorenes Kapital. Das Wort Marie von Ebner-Eschenbachs hören wir dann wohl, aber ohne rechten Glauben: »Das meiste haben wir gewöhnlich in der Zeit getan, in der wir meinten, nichts getan zu haben.«

Wir haben also vom schweigenden Verweilen zu sprechen. Bei Sören Kierkegaard findet sich folgende Passage: »Das erste, die unbedingte Bedingung dafür, dass etwas getan werden kann, das erste also, was getan werden muss, ist: schaffe Schweigen, führe Schweigsamkeit ein. – Der Mensch, dieser kluge Kopf, ist gleichsam schlaflos geworden, um neue, immer neue Mittel zu erfinden, den Lärm zu vermehren, um möglichst schnell im größten Maßstab das Getöse und das Nichts sagende auszubreiten – schaffe Schweigen« (Religion der Tat, Stuttgart 1948, S. 187).

Vor etwa 150 Jahren hat Kierkegaard diese Aufforderung ausgesprochen, mittlerweile ist es wohl in unserer Welt noch um einiges lauter geworden, und die Aufforderung, Schweigen zu schaffen, ist noch schwieriger zu verwirklichen. Wir sind umgeben von lauten und aufdringlichen Anreizen, die uns mit allem beschäftigen, nur nicht mit unserer eigenen Tiefe. Eine ganze Unterhaltungsindustrie steht zur Verfügung, damit wir in den seichten Gewässern wohliger Unverbindlichkeit bleiben, nie wirklich zum Nachdenken kommen und schon gar nicht zu schauender, verweilender Besinnung.

Aber Unruhe und »Lärm« kommen auch aus unserem eigenen Innern. In uns selbst meldet sich dauernd etwas zu Wort, unsere Phantasie hüpft und stört jeden Versuch einer inneren »Versammlung«.

Vielleicht gibt es nur *ein* wirksames Mittel gegen diese Störfaktoren: Ich muss sie zulassen, muss mich nicht dagegen sperren, sondern sie selbst zum Gegenstand meines Meditierens machen, um sie dadurch in die eigene Wirklichkeit einzubinden. Erst wenn das plötzlich Herangewehte ernst genommen wird, stört es nicht mehr, sondern kann in seiner relativen Bedeutung berücksichtigt und dann wieder abgegeben werden.

Angelus Silesius hat in seinen Kurzgedichten des »Cherubinischen Wandersmanns« oft diese Erfahrung von Unruhe und Ruhe, von Zeit und Zeitüberschreitung ausgedrückt. Zum Beispiel:

»Die Ewigkeit weiß nichts von Jahren, Tagen, Stunden:
Ach, dass ich doch noch nicht den Mittelpunkt gefunden.«

»Ein Mensch, der sich in sich in Gott versammeln kann,
Der hebt schon in der Zeit den ew'gen Sabbat an.«

Noch einen Hinweis möchte ich geben: Meditation hat mit unserem Leib zu tun, mit der eigenen leibhaften Existenz. Wer sich um Meditation bemüht, der meint oft, er müsse eine große Reise machen von sich selbst und von allem weg, was ihn bisher bestimmt hat, möglichst nach Süd- und Ostasien. Wer aber krampfhaft von sich loskommen will, der kommt auch nirgendwo an. Der für uns notwendige meditative Weg soll uns zu uns selbst führen. »Man wird durch Meditation kein anderer«, hat Carl Friedrich von Weizsäcker gesagt, »sondern man wird der, der man immer gewesen ist« (Der Garten des Menschlichen, München 1977, S. 534). Wir hoffen allerdings, dass wir besser wir selbst werden, dass wir die Integration unserer Schichten erreichen und die inneren Spaltungen überwinden.

Beginnen muss ich bei mir selbst, indem ich mich in meiner Leiblichkeit intensiver zu erfahren suche. So sinne ich den rhythmischen Bewegungen meines Atems nach, weil ich dadurch aufmerksam werde auf den ununterbrochenen Prozess des Nehmens und Hergebens, in dem ich stehe. »Die Luft ist die Ursache unseres Lebens und der Wärme in unserem Leibe«, heißt es in den »Erzählungen eines russischen Pilgers«. Der Vorgang des Atmens lässt mich erleben, wie sehr ich abhängig bin von den Faktoren, die erfüllt sein müssen, damit ich existieren kann. Darüber brauche ich aber nicht kognitiv nachzudenken, sondern ich durchlebe einfach ganz intensiv die befreienden und beglückenden Vorgänge des Einatmens und des Ausatmens.

Wenn wir aber lernen, auf unseren Leib zu achten, dann bemerken wir auch unsere Verspannungen und Krampfzustände. Den ganzen Tag wird von uns erwartet, dass wir uns festhalten, dass wir »in Form« bleiben. So erstarren wir in einer Dauerpose und können uns nicht mehr loslassen. Meditative Übungen können dazu beitragen, lockerer zu werden und sich nicht mehr so krampfhaft festzuhalten. Auch dazu ist es wichtig, sich geduldig und regelmäßig einzuüben. Auf die verschiedenen Ansätze des rechten Sitzens, des Stehens, des Atmens usw. kann hier nicht eingegangen werden. Wir sollten bedenken, dass es auch eine Meditation im Gehen gibt und dass gerade Bewegungsformen für uns »Sitzmenschen« wichtig sind.

Im Mittelpunkt christlicher Weisen des Meditierens wird der Umgang mit biblischen Texten stehen. Es wäre ein eigenes Thema, den Möglichkeiten des »Essens«, »Kauens« und »Verdauens« biblischer Worte nachzugehen.

Dasselbe gilt von wichtigen Gebetstexten. Ich möchte zum Schluss nur ein paar Zeilen der Sequenz »Veni, Sancte Spiritus« in einer freien Übertragung vorlegen, um anzudeuten, wie sie vom ganzen Leib aufgenommen und meditativ bedacht werden können.

Komm, Heiliger Geist,
und schicke vom Himmel
den Strahl Deines Lichtes.

Guter Tröster,
lieblicher Gast des Gemüts,
süße Erfrischung.

In der Arbeitslast Ruhe,
in der Gluthitze Kühle,
im Weinen Tröstung.

Ohne Deine Strahlung
nichts ist im Menschen,
nichts ist ohne Schaden.

Wasche, was voll Flecken ist,
heile, was wund ist,
erquicke, was ausgetrocknet.

Mach geschmeidig, was spröd geworden,
erwärme, was im Frost erstarrte,
leite, was vom Weg abkam.

Das Pförtchen ins Überirdische

Robert Musil

Es war die Luft und Lust dieser Tage so heiter und zärtlich, daß unwillkürlich der Eindruck entstand, Mensch und Welt müßten sich darin so zeigen, wie sie wirklich wären: Ein kleiner übersinnlich-abenteuerlicher Schauer war in dieser Durchsichtigkeit, wie er in der fließenden Durchsichtigkeit eines Baches ist, die den Blick an den Grund gelangen, dem schwankend ankommenden aber dort die farbig geheimnisvollen Steine wie eine Fischhaut erscheinen läßt, unter deren Glätte sich, was er zu erfahren geglaubt hat, nun erst recht unzugänglich verbirgt. Agathe brauchte ihren Blick bloß ein wenig zu lösen, so konnte sie, von Sonnenschein umgeben, das Gefühl empfangen, in einen übernatürlichen Bereich geraten zu sein; es fiel ihr dann für eine kleine Weile ganz leicht zu glauben, sie habe sich mit einer höheren Wahrheit und Wirklichkeit berührt oder sei zumindest an eine Seite des Daseins geraten, wo ein hinterirdisches Pförtchen aus dem Erdgarten heimlich ins Überirdische weise. Wenn sie aber ihrem Blick wieder eine gewöhnliche Spannung zuteil werden und das Leben prall hineinströmen ließ, so sah sie, was gerade da sein mochte: etwa ein Fähnchen, das lustig, aber ohne alle Hintergründigkeit von der Hand eines Kindes geschwenkt wurde, einen Polizeiwagen mit Gefangenen, dessen schwarz-grüner Lackanstrich im Licht blitzte, einen Mann mit einer farbigen Mütze, der zufrieden den Mist kehrt, und schließlich eine Abteilung Soldaten, deren geschulterte Gewehre die Läufe gegen den Himmel richteten. Und das alles war wohl von etwas übergossen, das mit Liebe Verwandtschaft hatte …

IX
Sich auf das Kraftfeld eines Wortes besinnen

Wir sind gewöhnlich von einem solchen Wortebrei umgeben, allerorten wird geredet und mit Worten um sich geworfen, dass wir dem einzelnen Wort kaum mehr eine Kraft zutrauen: Alles ist beliebig geworden, der inflationäre Wortgebrauch scheint der Sprache das Mark ausgesaugt zu haben, sodass die Worte nichts mehr bewirken können. Wie kann es uns gelingen, wieder so zu hören, dass uns das erlauschte Wort bis ins Innere dringt und dazu beiträgt, dass wir »Stand« gewinnen und die Worte zur Speise werden? – Vielleicht müssen wir unser Sprechen reduzieren und auch beim Hinhorchen deutlicher unterscheiden, welche Worte unsere Aufmerksamkeit verdienen und welche wir besser »überhören«.

Wortklänge können eine eigene Kraft entfalten. Damit ein Wort gesprochen werden kann, muss der Mund eine ganz bestimmte Stellung einnehmen, dann kann der Atem einen Klang und eine Lautfolge erzeugen. Unser Atem ist in besonderer Weise unsere Lebensquelle. Im Atmen werden wir unserer Lebendigkeit inne, und es erneuert sich unsere körperlich-geistige Vitalität. Nun dient uns der Atem dazu, Worte zu formulieren, die die anderen verstehen können. Aber das ausgesprochene Wort hilft mir auch selbst, mich besser verstehen zu lernen, denn zu den großen Rätseln in unserem Leben gehört ja immer auch die eigene Wirklichkeit. – Die Gebetsworte helfen uns, in den großen Dialog mit Gott, dem Schöpfer und Ermöglicher des Daseins, einzutreten und uns in seine Gegenwart zu stellen. Es ist gut, dass wir denken können. Aber der Gedanke allein genügt nicht, wir bedürfen auch des ausgesprochenen Wortes, damit das, was sich in unserem Innern ereignet hat, sich auch nach außen hin manifestiert. Und weil das Wort aus unserem Innern aufsteigt, ist es für uns ein Geschenk und eine eigene Frucht.

Ist es nicht so, dass wir zwar ungezählte Male mit anderen Menschen gesprochen haben und dass die meisten gewechselten Worte längst in alle Winde verweht sind, aber

einige wenige Worte haben sich in unserem Herzen einge-
nistet und sind unvergesslich geblieben? Vielleicht ist es uns
auch manchmal gegeben gewesen, so zu anderen Menschen
zu sprechen, dass die Worte sich bei ihnen festgesetzt haben
und Frucht bringen konnten. Weil wir dialogische Wesen
sind, muss uns zunächst der Anhauch eines persönlichen
Wortes treffen, bevor wir zur eigenen Antwort befähigt
werden. Immer wieder ereignet sich ein Schöpfungsakt,
wenn ein Mensch zu seiner eigenen Wahrheit erwacht und
er sich auszudrücken lernt, sich ins Wort bringen kann. Wir
sind Geschöpf, dürfen aber auch am immerzu sich ereignen-
den Schöpfungsgeschehen teilhaben, wir werden selbst zu
Schöpfern. Vom Atem durchströmt, können wir selber an-
hauchen und Leben weitergeben.

Es wird Zeit, die Würde und die den Worten innewoh-
nende Kraft wieder zu entdecken. Die Laute, die ausgesprochenen Silben und Worte mögen schnell verwehen, aber einige von ihnen haben eine Wirkung vollbracht, sie haben
etwas evoziert, das bleiben kann. Es gibt Worte, die eine
Mitgift an Sinngebung haben, die aufrichten können und
Standfestigkeit verleihen. Nicht von jedem Wort kann das
erwartet werden, aber manchmal finden wir eines, das diesen Charakter hat und das uns deshalb kostbar wird. Vielleicht muss jeder »sein« Wort entdecken oder zugesprochen
bekommen. Irgendwann erwacht es zum Leben, wird zur
sprudelnden Quelle und erweist sich als unerschöpflich.

Natürlich kann ich ein solches mir kostbar gewordenes
Wort leise für mich bedenken, aber es ist etwas anderes,
wenn ich es ausspreche oder vor mich hin murmele. Nun
bekommt ein solches Wort einen Klangleib, und die Wiederholung prägt sich mir besonders ein. Es gibt bildstarke
Worte, die spontan innere Bilder heraufrufen und vor unser
inneres Auge stellen. Und manchmal hat schon der Wortklang eine versammelnde Kraft, sodass ich zur Ruhe komme
und sich eine Zone der Gelassenheit bildet.

Bei den Hindus gibt es eine Tradition, die ich für bedeutsam ansehe, auch wenn sie einem anderen kulturellen und religiösen Kreis angehört: das Mantra. Unter einem Mantra wird ein Wortklang verstanden, ein geheimnisvoller Laut oder ein Spruch, der vom Betenden oder Meditierenden so verinnerlicht wird, dass er zum Zentrum der Person werden kann. Der geheimnisvolle Spruch ist kein Fremdkörper, sondern ermöglicht gerade das Erwachen zur eigenen Wahrheit. Nach dieser Tradition hat jeder Laut einen Symbolwert, der nicht durch diskursives Denken, sondern nur durch wissende Konzentration in seinem Gehalt erschlossen wird. Der gemurmelte Laut schafft einen Raum für das innere Auge.

In der biblischen Tradition finden wir unendlich viele »Worte der Kraft«, die nicht nur rezitiert und reflektiert zu werden verdienen, die vielmehr verinnerlicht und »gegessen« werden sollen. Ezechiel bekam eine Buchrolle gereicht, die er nicht lesen, sondern essen sollte. »Iss diese Buchrolle ..., gib sie deinem Bauch zu essen, fülle dein Inneres mit dieser Rolle, die ich dir gebe« (Ezechiel 3,1ff). Vielleicht sollten wir es wieder lernen, uns auf diese Weise biblische Worte einzuverleiben, seien sie nun süß oder bitter in unserem Mund. Sie gehen in uns ein, stärken oder korrigieren uns, mögen uns manchmal schwer im Magen liegen oder eine beflügelnde Wirkung haben.

Wenn ich hier ein paar Worte zitiere, bin ich mir darüber klar, dass ich einem ganz subjektiven Auswahlprinzip folge. Ich möchte auch nur die Anregung geben, es möge jeder selbst versuchen, Worte aufzuspüren, die sich als hilfreich erweisen. Es müssen Worte sein, die sich nicht schnell abnützen, die Raum geben und immer wieder neu erwogen werden können. Gerade ein kurzes Wort, nur aus ein paar Silben bestehend, kann mich den ganzen Tag begleiten, ohne mich zu ermüden. Ich werde es nicht immer präsent haben können, zumal bei der Arbeit tritt es zurück und scheint abwesend zu sein. Aber in einer freien Minute meldet es sich wieder »zu Wort« und hilft mir, es durchzuhalten.

»Öffne meine Augen!« (Psalm 119,18)

»Alle Dinge dienen dir.« (Psalm 119,91)

»Du bist nah.« (Psalm 119,151)

»Gott ist Licht.« (1 Johannes 1,5)

»Größer als unser Herz.« (1 Johannes 3,20)

»Abba, lieber Vater.« (Römer 8,15)

»Wo Geist, da Freiheit.« (2 Korinther 3,17)

»Christus in mir.« (Galater 2,20)

»Ich halte Ausschau.« (Psalm 69,21)

»Dein Name: ›Ich bin da.‹« (Psalm 68,5)

»Alles wartet auf dich.« (Psalm 104,27)

»Wie lange noch?« (Psalm 89,47)

»Du, meine Stärke und mein Lied.« (Jesaja 12,2)

»Beim Namen gerufen.« (Jesaja 43,1)

»Du machst etwas Neues.« (Jesaja 43,19)

»Du vergisst nicht.« (Jesaja 49,15)

»In deine Hände eingezeichnet.« (Jesaja 49,16)

»Führ mich ins Weite.« (Psalm 18,20)

Die Bibel hat Herzworte, Kraftworte, Hoffnungsworte, man muss sie nur entdecken. Und dann muss man sie ins eigene Innere nehmen, muss sie essen, sie kauen und verdauen. Wir brauchen nicht viele Worte, gerade die wenigen helfen uns, Stand zu finden und aus der neuentdeckten Mitte heraus zu leben.

Bekenntnis

Ich bekenne mich

zur Erde und ihren
gefährlichen Geheimnissen

zu Regen Schnee
Baum und Berg

zur mütterlichen mörderischen
Sonne zum Wasser und
seiner Flucht

zu Milch und Brot

zur Poesie
die das Märchen vom Menschen
spinnt

zum Menschen

bekenne ich mich
mit allen Worten
die mich erschaffen

Rose Ausländer

Quellennachweis

S. 7: Marie Luise Kaschnitz, Die Wanderschaft, 16. und letzte Strophe, aus: dies., Überallnie, Gedichte. © Claassen Verlag GmbH, Hamburg 1965.

S. 32: Pierre Teilhard de Chardin, Wir müssen Gott als Versuchsfeld dienen, aus: Teilhard de Chardin, Briefe an Léontine Zanta. © Verlag Herder GmbH, Freiburg im Breisgau, 2. Aufl. 1968 (Titel vom Autor).

S. 42: Pierre Teilhard de Chardin, Wir brauchen Wirklichkeit, aus: ders., Die geistige Potenz der Materie, in: Lobgesang des Alls, übertr. v. Karl Schmitz-Moormann. © Walter Verlag AG, Olten 1964.

S. 52: Augustinus, Vom Staunen über den Sinn und die Schönheit der Schöpfung, aus: Der Gottesstaat XXII, 24, übers. v. Wilhelm Thimme. © Artemis Verlag, München.

S. 65: Walt Whitman, Was ist das Gras«, aus: Walt Whitman, »Gesang von mir selbst (6)« (Auszug aus dem 6. Abschnitt), aus: Walt Whitman, Grashalme. Deutsche Übersetzung von Hans Reisiger. Copyright © 1956 by Rowohlt Verlag GmbH, Hamburg (Titel vom Autor).

S. 75: Felix Timmermans, Die Kommode der Erinnerungen, aus: Der Heilige der kleinen Dinge und andere Erzählungen. © Insel Verlag, Frankfurt/M. 1980.

S. 84: Henry David Thoreau, Walden oder Leben in den Wäldern. Aus dem Englischen von Emma Emmerich und Tatjana Fischer. © 1971 Diogenes Verlag AG, Zürich.

S. 93: Hildegard von Bingen, Der himmlischen Harmonie zugeordnet, übertr. v. Otto Betz. © Verlag am Eschbach.

S. 111: Robert Musil, Das Pförtchen ins Überirdische, aus: Robert Musil, »Der Mann ohne Eigenschaften« (Kapitel 47, »Wandel unter Menschen«, Auszug), in: Robert Musil, Gesammelte Werke Bd. 4 (S. 1100), hrsg. von Adolf Frisé. Copyright © 1978 by Rowohlt Verlag GmbH, Reinbek bei Hamburg (Titel vom Autor).

S. 118: Rose Ausländer, Bekenntnis, aus: dies., Hügel aus Äther unwiderruflich. Gedichte und Prosa 1966–1975. © S. Fischer Verlag GmbH, Frankfurt/Main 1984.

Ebenfalls erschienen bei

topos taschenbücher

Otto Betz

Der Leib und seine Sprache

Die Symbolik der menschlichen Gestalt

254 Seiten

Band 504
ISBN 978-3-7867-8504-0

www.toposplus.de